人気13魚種の基本とコツを三石忍が徹底解説

すぐに身につく!

釣れる『船釣り』最新テクニック

月刊『つり人』編集部 編

つり人社

釣りはだれでもうまくなる。100%の正解がないから面白い。

「私が海の船釣りを始めたのは28歳の時です。釣りはもともと興味があって、渓流のマス釣り場に遊びに行くのなんかも大好きでした。

そのうち船釣りがやってみたくなって、当時のボディーボード仲間が釣具店員だったり、ウエイクボード仲間の女の子のお父さんが船釣り好きだったりして、船宿に連れていってもらうようになりました。

初挑戦の船釣りは何だったたか、実は記憶があやふやなんですけど、たしかヤリイカだったかな。それでも30ハイとか40ハイとか釣れました。それからまもなくして、出掛けたのがタチウオです。

周囲はずっと年配のおじさん・おじいさんばかり。ところが、みんな私よりはるかに釣りました。昔から負けん気が強いもんだから、『え！　なんで私だけ釣れないの！！』って思って（笑）。

すぐに週に数日のペースで通い始めたんですけど、そう

PROFILE

三石忍（みついし・しのぶ）

1973年4月3日長野県生まれ。千葉県在住。タチウオ、フグ、ヒラメ、カワハギなど海の船釣り全般が得意。船釣り専門誌・テレビなどメディアで長く活躍し、その腕前は多くの船宿の船長やスタッフからも一目置かれている。ロッド、仕掛け、釣りエサなど、自身の経験に基づいた製品開発にたずさわる機会も多く、年間釣行日数は150～200日。ベテラン・ビギナーを問わない、船釣りファンへの分かりやすいアドバイス力に定評がある。

するとまたおかしいなと思うことが。沖上がりのあと、船長がお客さんにその日の釣果を聞いて回る時、なぜか私だけは毎回スルーされる。どうしてなのか、最初は分かりませんでした。もちろん、それにはちゃんと理由があったんですけれど、それがまたくやしくて。『いつか私の釣果を聞きにきてもらうぞ！』とますます心に火がつきました。でも、最初にその船宿さんと船長さんに出会ったことで、今の私と私の釣りがあります。

　釣りや魚は１００分かるってことがありません。毎回、謎は残る。でもそれが面白いから探究する。こうなのかな、ああなのかなって、試してみた時にそれまでの失敗や知識がリンクできるのが面白い。私が〝ダメだよ〟って言った方法で、釣れることもあるし、１００の不正解も、１００の正解もないんですよね。

　でも、よりアタリを多く出したり、より魚に食わせるための方法を、今も自分の経験の中から、ベストと思える方法でお伝えしています。そして、その時に説明を難しいものにしたくない、なるべく簡潔なものにしたいっていうのが私のモットーです。その釣りをやったことのない人が、きちんと意味を受け取れて、『やってみたい』と思ってもらえる説明を心掛けています。」

目次

CONTENTS

002 MESSAGE

006 TACHIUO
千葉県／内房富津出船／LTタチウオ釣り（7月）
誘いのテンポで大きな差！
1本バリ勝負の夏タチゲーム

012 KAWAHAGI
神奈川県／三浦半島久比里出船／カワハギ釣り（10月）
縦の釣りV字釣法をマスター！
エサ泥棒・秋のカワハギねらい

018 HIRAME
千葉県／外房大原出船／LTヒラメ釣り（2月）
サオ先は下げすぎず水平気味に。
ライトにねらう身厚な寒ビラメ

春

夏

秋

冬

024 MADAI
千葉県／外房大原出船／一つテンヤマダイ釣り（3月）
違和感あれば鬼アワセ！
乗っ込み好機の一つテンヤマダイ

030 MAGOCHI
千葉県／内房富津出船／マゴチ釣り（6月）
本気のアタリが出るまでポーズ！
照りゴチの駆け引き

036 TACHIUO
大阪府／大阪湾泉佐野出船／テンヤタチウオ釣り（11月）
関西流〝テンヤタチウオ〟を攻略！
追わせるエサと誘いのスピードがキモ

042 TACHIUO
千葉県／外房勝浦出船／テンビン＆テンヤタチウオ釣り（7月）
高活性の夏タチ相手に
テンビン・テンヤの二刀流！

048 KAWAHAGI
千葉県／南房館山出船／カワハギ釣り（10月）
黒潮差す温暖な南房で
美味カワハギをねらい撃ち！

人気13魚種の基本とコツを三石忍が徹底解説
すぐに身につく！
釣れる『船釣り』最新テクニック

054
MADAI
千葉県／外房大原出船／一つテンヤマダイ釣り（3月）
美味しい魚が次々ドン！ 一つテンヤで賑やか五目

060
AJI
神奈川県／三浦半島新安浦出船／ビシアジ釣り（5月）
船釣りのイロハがぎっしり。だから差が出るビシアジで大漁！

066
ISHIMOCHI
神奈川県／横浜金沢八景出船／イシモチ釣り（4月）
のんびり派もメチャ釣り派も満足 イシモチ釣りって「グ～！」

072
MEBARU
神奈川県／三浦半島佐島出船／イワシメバル釣り（2月）
合わせちゃダメ！ 春を告ぐイワシメバル

078
AMADAI
神奈川県／相模湾茅ヶ崎出船／LTアマダイ釣り（10月）
タナ取り命でアタリは強烈！ 湘南エリアのライトアマダイ

084
AORIIKA
千葉県／内房勝山出船／ティップランアオリイカ釣り（11月）
ステイはピタリと3秒静止！ 良型が乗る。冬のティップランアオリイカ

090
MADAKO
神奈川県／相模湾腰越出船／マダコ釣り（5月）
海底から極上食材を引っぺがす 快感、初夏のマダコ釣り！

096
FUGU
千葉県／外房大原出船／フグカットウ釣り（12月）
旨い冬を盛り上げる カットウ釣りで福来たる！

102
FUGU
千葉県／外房大原出船／フグカットウ釣り（1月）
エサ加工でさらにアタリ 三石流・繊細フグカットウ釣り！

108
KINMEDAI
静岡県／伊豆下田須崎出船／キンメダイ釣り（5月）
高級魚が鈴なりの快感！ ディープに楽しむキンメの深海釣り

114
SPECIAL INTERVIEW
私の船釣り1万字インタビュー

124
読んで経験値アップ！ 基本＆応用の船釣り用語集

本書は、月刊『つり人』2016年4月号～2019年1月号の連載「三石忍の沖釣り Right on!」および「三石忍の船釣りテンポUP！」をベースに加筆、修正したものです。

TACHIUO

◎千葉県／内房富津出船／LTタチウオ釣り（7月）

誘いのテンポで大きな差！1本バリ勝負の夏タチゲーム

小型の数釣りが夏タチの特徴だが、メーターきっかりのドラゴンもばっちりキャッチ

水面付近もアタリダナ

さわやかな陽気に恵まれた7月初旬。三石さんがやって来たのは自身のホームフィールドである千葉県富津の川崎丸。ねらいは夏のタチウオ。この季節、タナは30〜40mが中心だが、高活性時は5〜15mの極浅ダナでも釣れる。夏は小型の数釣りが特徴だが、指4本クラスの良型も混じるし、メーター超のドラゴンも出る。日並がよければ中級者で30尾超の大台も珍しくない。が、トップとスソで天国と地獄ほどの腕の

タチウオ釣りは誘いのテンポで釣果が変わる。周囲の船の釣れぐあいもつぶさにチェックする

最後はハリスを持ってそのまま船内へ。夏空にメタリックボディーが舞う

差が出る。ちなみに三石さんのレコードは134尾と凄まじい。
サオはライトゲームモデルの6：4もしくは7：3調子をセレクト。小型両軸受けリールにPE1号を200m、オモリは30号が標準だ。シンプルな片テンビン（腕長約30㎝）仕掛けにハリス7～8号を2m。ハリはケン付きのタチウオ専用#2／0。枝バリを推奨する船宿もあるが、三石さんは「1本バリで1対1の勝負がしたい」と1本バリしか使わない。

エサのこだわりは半端ない。まずは誘いの基本をマスター

「タチウオ釣りはサバやコノシロの切り身をエサに使います。でも、切り身と思って使わないこと。タチウオが追い回すベイトに見せるんです。それにはエサ付けが一番だいじ！　端から刺して、センターを縫って、ケンにきちんと止める。縫い刺しをしてもカーテンみたいにアール（R）が出ないようにする。真っすぐ刺すことが最も重要です」

ルアーのように魅惑的な動きを演出するには、エサが回転するような付け方ではまず釣れない。三石さんは「エサのこだわりは半端ないですよ」と言い、動きをよくするために切り身の形も厳選し、ハサミで形を整える。さらにはエサの味も重視し、この日は「アミノ酸α」を振りかけた。アミノ酸は特に低活性時に効果を実感するというアイテムだ。

釣り方はシンプル。指示ダナに仕掛けを落として誘い上げる。ただし「誘い＝シャクリ」のパターンで釣れ方は確実に変わる。

まず指示ダナに到達したところで、ハリス分2mのミチイトを巻き取って、ハリス

効果抜群の切り身の準備 ※P45も参照

この日はマルキュー「アミノ酸α」を使用

皮の変色を防ぐため身側にアミノ酸αを振りかける

切り身10～15本でアミノ酸α1袋が振りかける量の目安

粉を振りかけたところで身をひっくり返す

皮側を表にしてアミノ酸を身に浸透させる

エサ付けの要点

切り身の頭（チモト側）の両端をカット。こうすることで動かした時の抵抗が小さくなるようにしておく

切り身の端（身側から）ハリを刺すのがキモ。チモトより上に身を余らせると動き方が変になる

必ず身のセンターにハリが来るように縫い刺しにする。横から見てRが出ないようにまっすぐ付けること。要は回転しないエサ付けを意識

▶三石さんの切り身は大きめ。大は小を兼ねると話す

同船のお客さんたちも各自のペースで夏のタチウオを満喫

を真っすぐに張ることから誘いはスタート。サオの構えは必ず水平より下。グリップエンドを脇に挟むようにする。「イトフケが出ないように、常にオモリを感じてシャクるのが基本です」と三石さん。

この基本が案外難しいのだが、ベースは穂先を真下付近に下げてチョンチョンと小刻みに2～5回動かしてポーズ。今度はサオを水平、もしくは45度の位置までリフトしてポーズ。それから50cmほどイトを巻き取りながらサオ先を下げて同じ動きを繰り返す。

重視すべきは反応の出る誘いの振り幅。小刻みか、それとも大きく動かした時か。

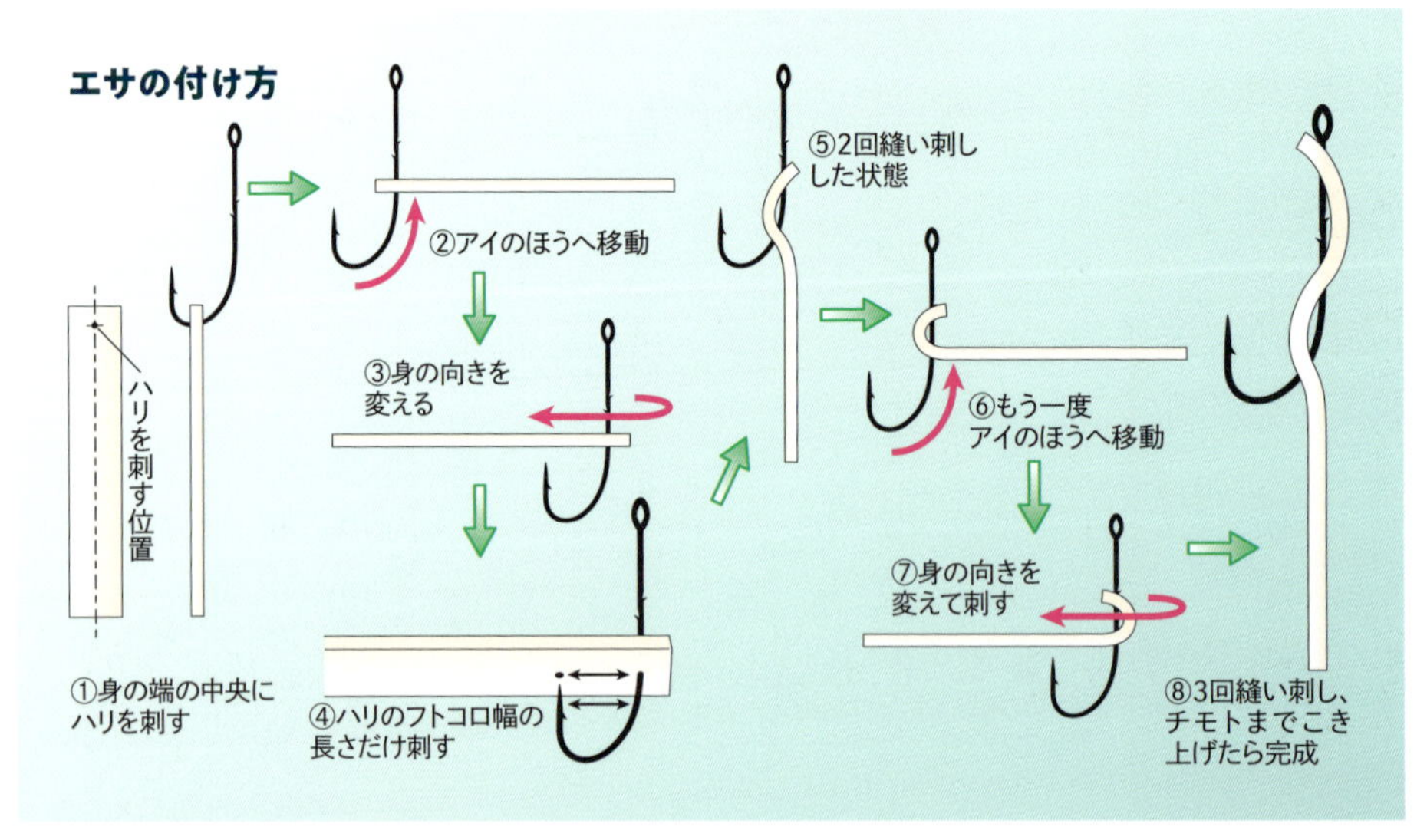

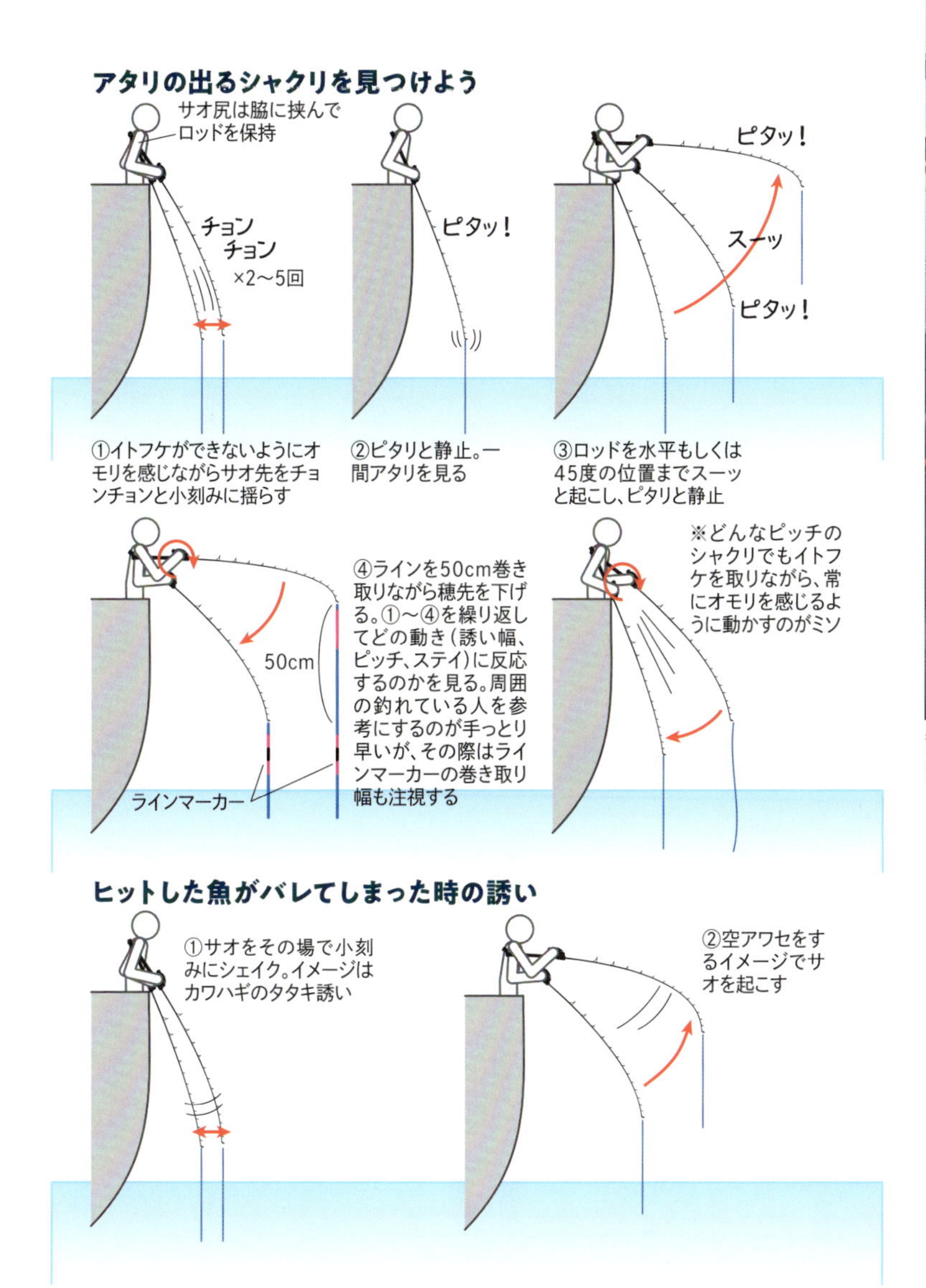

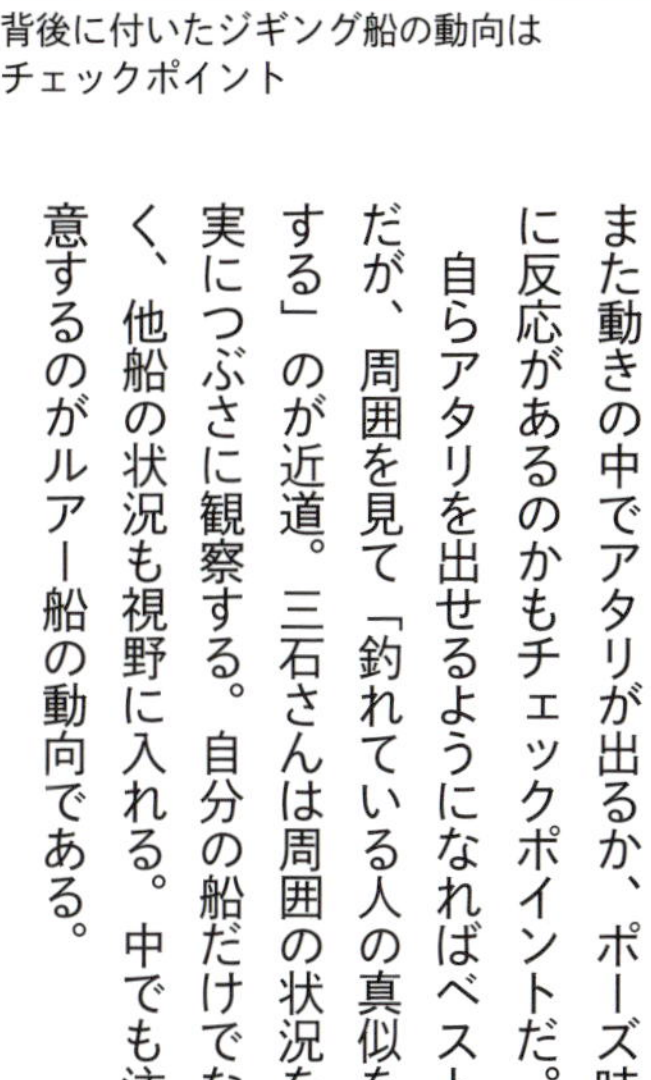
背後に付いたジギング船の動向はチェックポイント

また動きの中でアタリが出るか、ポーズ時に反応があるのかもチェックポイントだ。

自らアタリを出せるようになればベストだが、周囲を見て「釣れている人の真似をする」のが近道。三石さんは周囲の状況を実につぶさに観察する。自分の船だけでなく、他船の状況も視野に入れる。中でも注意するのがルアー船の動向である。

「ルアー船のお客がバリバリに釣れている状況なら、誘いを止めません。ポツンポツンという釣れぐあいならステイをやや長めに入れます」

釣れている人の誘いのピッチを判断するには、誘いの幅や間だけでなく「イトのメーターマークを見ること」と言う。なぜならリールによって1回転あたりの巻き取り長さは異なる。

アタリは手もとに来る。が、単発のアタリを合わせても乗ることはほとんどない。穂先をグーンと引き込む本アタリを出さなければ掛からない。

一尾を引き出す応用術

「タチウオは下から突き上げるようにしてベイトを追います。活性が低いと追ってこないけど、基本は追って追って食らいつく。しっかりハリに噛み付くまで誘いを止めない。でないと本アタリを出せないことがほとんどなの。受け口の人って食べるのが下手でしょ。タチウオもそう。下アゴが突き出て、捕食が下手。一噛み、二噛みして弱った魚を口に入れる。自然界のベイトフィッシュは弱っても逃げるでしょ。だから常に逃げているベイトをイメージするの」

では何度も当たるが追ってこない時はど

サオはライトタチウオ用（がま船シーファングタチウオなど）が好適。本アタリが出たところでスイープさせて合わせる。引き込み時はリールを巻かずサオでいなす。掛け味を楽しんで、力が弱まったところで一気に巻く

GUIDE

●問合先：川崎丸（☎ 0439・87・2902）
●乗合料金：9500 円（女性・中学生以下 6500 円)、エサ、氷、新品ハンドタオル、料理レシピ付き
●交通：館山自動車道・木更津南 IC を下りて R16 で富津方面へ

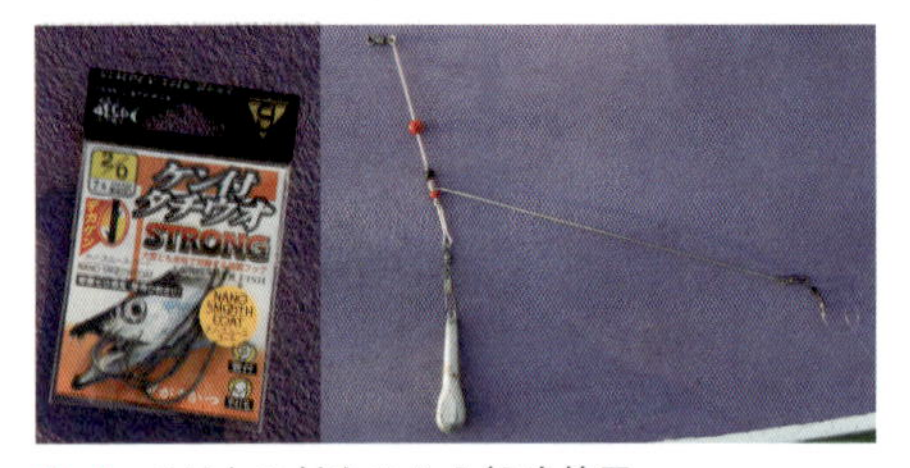

左／ハリはケン付きの＃ 2/0 を使用
右／テンビンは腕長約 30cm のタイプ。写真は川崎丸のオリジナル。オモリは 30 号が船宿指定

川崎丸船長の飯塚和信さん。ビギナーには出船前にレクチャーをしてくれる

うすべきか。アタリダナでリールを巻かず、もう一度シャクる。その場でもう一度勝負してみる。同じタイミングで同じ場で1回動かす。これを3往復してヒットしなければ「やる気のある魚を抜粋すること」と言う。

「反応が出ても掛からないのは正解に近くても、正解じゃないの。アタリがあっても食い込まない。そうなるとついゆっくりと誘いたくなるけど、私の場合は速いほうから修正していく。間を短く、スピードを速くして誘い上げることをまず試す。そのほうが仕事は早いから」

この日、三石さんが5連発を決めた場面があったが、そのうち止めて当てた魚は1尾のみ。リールを4分の1回転ずつ巻いてはシャクる、間を短くした小刻みかつスピーディーな誘い上げがヒットパターンのひとつだった。

「追ってくるタナが10mの場合、1mずつシャクリ上げたら10回しか誘えません。特に活性の低いタチウオは追い幅が短いです。ピッチを短くしてエサを動かしています」

本アタリが出たところでしっかりとアワセを入れる。がっちりフッキングさせるのだが、時には乗った魚が外れることも珍しくない。そこで三石さんが使う奥の手がシェイク。

本アタリが出た後のエサはたいてい、切られて短くなっておりアピール度が低くなる。こんな時は小刻みなシェイクでエサをごまかし、最後にスッと空アワセの要領でシャクリ上げるのだ。イメージとしては、弱り切ったベイトが悶え、最後に逃げようとする瞬間。

「10回試せば1回は当たるくらいの打率の誘いです。でも近くにタチウオがいるのだから、タダでは回収しません」と言う。

鋭い牙をもつタチウオだが、捕食は下手。エサを追わせて掛ける釣趣は独特

取り込みの手順

イトを緩めずに巻き上げ、利き手と反対の手（三石さんは左手）でテンビンをつかむ

テンビンを引きつつサオを上手に置く

テンビンを船の内側に落とし込んでハリスを利き手（三石さんは右手）でつかむ

利き手と反対の手でハリスをつまんで、一気に船内に抜き上げる。遠心力を利用

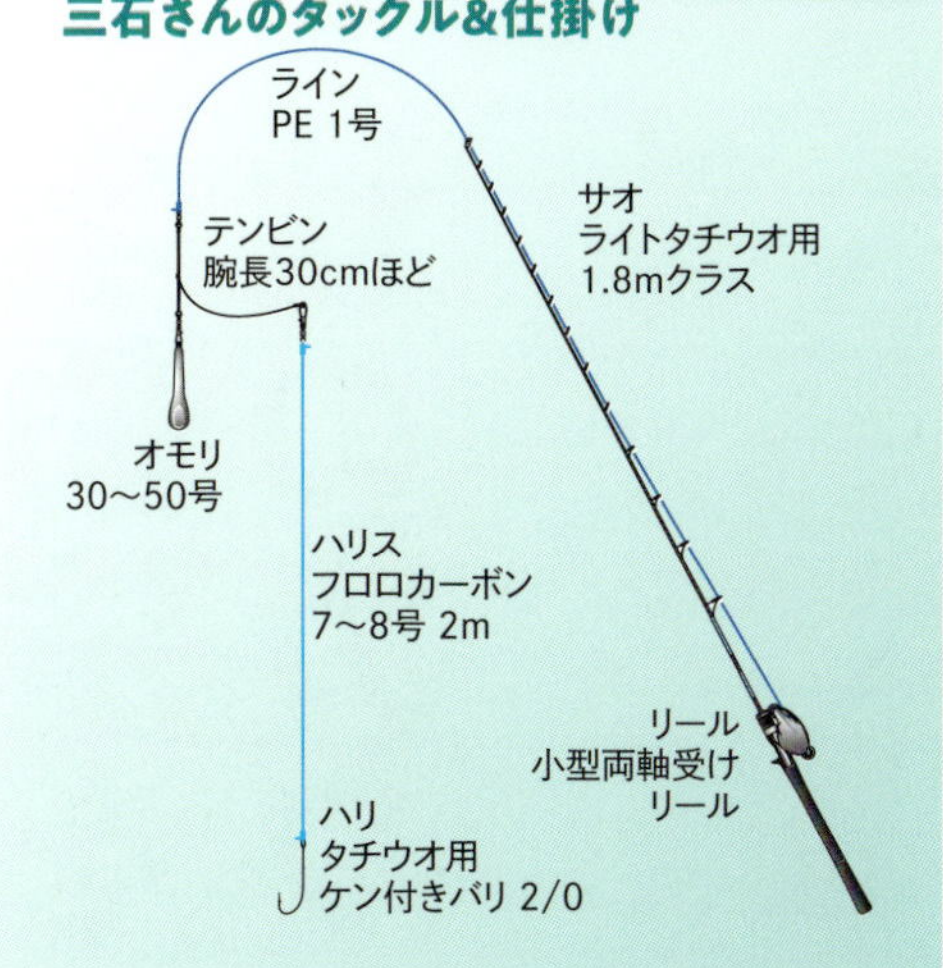

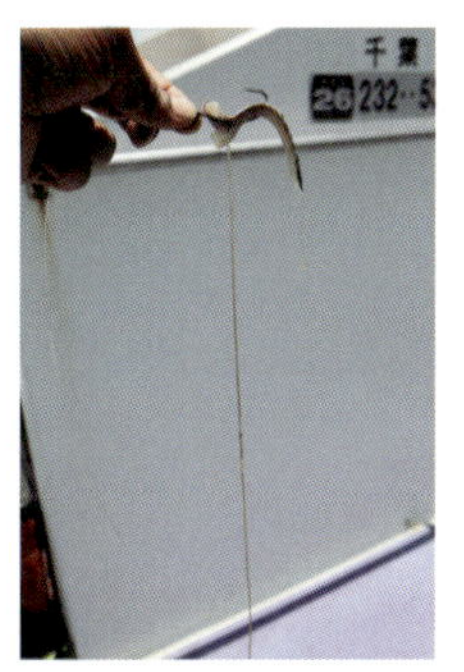

春からの高水温期に多いアカクラゲ。これがハリに付くとヒット率はぐんと下がる。まめにチェックして取り除く

綱引きをしないやり取り

タチウオはバックして引き込む。合わせた瞬間は特にグングンとバックで引き込むのだが、この時に無理に巻かない。掛け心地を楽しむくらいの余裕を持って、ふっと力が抜けた瞬間に巻き始める。「綱引きはしないこと」と三石さんは言う。そして周囲が釣れているのに、自分だけが掛からない。そんな時にチェックすべきポイントには以下を挙げてくれた。

- エサがハリからズレて回転して上がってこないか、もしくは回転しながら落ちていないかを見る。
- アカクラゲがくっついていないか。これが付いているとそのエサは食わないと思ったほうがよい。まめに取り除くこと。
- ハリが傷んでいないか。ハリ先にかなり負担の掛かる釣りゆえ、まめにハリを換えることも釣果アップのキモとなる。

タチウオ釣りは間口が広くて奥行は深い。夏タチは例年7月からお盆頃までがピークだ。

KAWAHAGI

◉神奈川県／三浦半島久比里出船／カワハギ釣り（10月）

縦釣りを基本に本命のアタリを的確に読み取り、着実にカワハギを掛ける

縦の釣りV字釣法をマスター！エサ泥棒・秋のカワハギねらい

エサ泥棒のヘリコプター

カワハギは海のヘリコプター、あるいはエサ取り泥棒とも称される。競技会も盛んで、入門者にはなかなか釣れないと思われがちなターゲットだが、「ビギナーでも釣れるようになり、次のステップまでいけるコツはちゃんとあります！」と三石さん。

10月上旬、やって来たのは神奈川県の久比里にある山下丸。カワハギは秋からキモが大きくなって食味が増してくる。岩礁帯や岩礁帯周りの砂礫に生息し、夏は浅場にいて産卵。水温が低くなるにしたがって深場に落ちてくるのだが、落ちるカワハギは群れを作る習性があり、遊漁船ではその群れたカワハギのポイントを捜しながら釣っていく。

カワハギはエサと思ったものに対して「味蕾」と呼ばれる味を判別する器官のある唇で食べられるかどうかを確かめた後、吸

アサリの加工　※P53も参照

①この日は船宿のムキ身アサリ（下）とエサを加工する「ヌルとり5」「アミノ酸α」（右上2つ）を使用

②ムキ身アサリを袋から出してザルで水気を切り、器に戻す

③「ヌルとり5」を振りかけよくもむ

④使う分だけタオルの上に取り、残りはクーラーボックスにしまう

⑤液体の水気をザルできり、水洗いする

⑥タオルに取ったエサに「アミノ酸α」を振りかけて混ぜる

⑦塩を振りかけ、混ぜて締めて完成

カワハギ釣りビギナーの根本みなみさんも三石さんのアドバイスでヒット

っては齧るといった具合に捕食する。仕掛けの動きに合わせて、移動しながら捕食するので、アタリが出にくい。そのため、エサだけが全部齧られているといった状態になるのだ。

そんなカワハギ釣りのキモは、いかにアタリを出し向こうアワセに持ち込めるか。その課題を追求して、今も進化し続けているのがこの釣りなのだ。

アサリの加工は大切。水管から通してキモで留める！

出船は7時30分。この日も1時間前から乗船客で賑わっていた。昔は早く来てエサにするアサリを自分の手で剥く人が多かったが、今は船宿のムキ身エサ付きプランを利用する人が多い。

三石さんは3人の釣り仲間と乗船。カワハギ釣りでは、エサのアサリを使いやすく加工しておくひと手間がとても大切だ。この日は船宿のビニールパックされたアサリを網で水切りし、マルキユーの「ヌルとり5」を振りかけてからよく揉んだ後、液体を網で切ってから水洗い。あとは再度水切りしたら、使う分だけをタオルの上に

サオは「がま船　カワハギ EX 先調子 175」と「極先調子 173」。リールは軽量で扱いやすいカワハギ用小型両軸受けリール。ミチイトは PE0.8 号。根ズレによるトラブル回避のためリーダーとしてフロロの 4 号を 2m 付けている。リーダーは目安として「サオよりちょっと長め」がおすすめ

三石さんのタックル&仕掛け

サオ
がまかつ
がま船カワハギEX
先調子175、極先調子173

リーダー
フロロカーボン
4号 2m

ライン
PE 0.8号

仕掛け
がまかつ
競技カワハギ 3本鈎仕掛
（集魚スナップ花火付属）

ハリ
がまかつ
速攻 3.5号

集寄は仕掛けの
下部に付ける

リール
カワハギ用
小型両軸受け
リール

オモリ
25〜30号

集寄の位置は人それぞれだが、オモリのすぐ上の仕掛け下部に付けるのが三石さん流

アサリの付け方

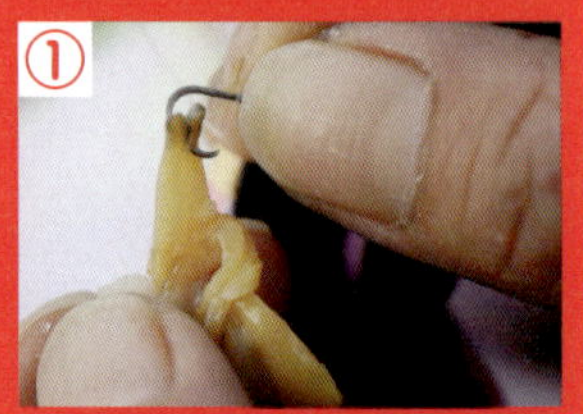

①まず水管にハリを刺し通したら

②ベロを通し刺しにし

③ワタでハリ先を止める。丸くなるように付けるのがコツ

④寒くてエサが付けにくい時は、まず水管とヒモを取り除きベロとワタだけに

⑤次にベロに 2 回通し刺しにし

⑥ワタで止める。これで OK

置き、残りはパックに入れてクーラーボックスに入れておいた。タオルの上に置いたアサリには「アミノ酸α」を振りかけ、さらに塩を振って締める。塩は高価なものより、安いナトリウム塩のほうがよい。アサリを加工することで、寒い時でも簡単にエサ付けできるようになる。

　アサリは、「水管、ベロ、キモ」が基本のパーツだ。「水管にハリ先を通したら、次にベロに抜くでしょ。最後にキモに刺して、キモで止める。丸くまとまるように付けること！」。朝一番、三石さんは、釣りを始めてまだ日の浅い根本みなみさんにまずレクチャー。なお冬の寒くて指先がかじかむような時は、アサリの水管とヒモをあらかじめ取り除いておき、ベロとワタだけにしておく。そしてベロに2回通し刺しをしたらワタで止める。こうすれば、手早く確実にエサ付けができるという。

仕掛けを下ろしていく時は、高い位置からＶ字を描くように下げる。最初は大きく、下げるに従って小さくなるようにする。こうすることでラインスラックが入りにくくなる

外道やカワハギが１度掛かったハリはすぐに交換するため、替えバリは磁石に付けておく

各種カワハギ仕掛け。オモリやハリのほかにカワハギの興味を引くために付けるアイテムが集寄と呼ばれる（写真の中では右下の３点）

GUIDE

●問合先：山下丸（☎046・842・8856）
●乗合料金：8700円（殻アサリエサ付き）、9500円（ムキ身アサリエサ付き）。女性は1000円引き。出船時間は要問合わせ。
●交通：車は横浜横須賀道路・佐原ICを左折し、佐原交差点を右折。R134久里浜交差点を左折して夫婦橋を渡りすぐに右折。電車は久里浜駅から徒歩約６分

まずは縦の釣りをマスター

三石さんの考える、入門者がまず覚えておくべきこの釣りのコツとは？「基本的にカワハギ釣りには、〝縦の釣り〟と〝横の釣り〟があります。縦の釣りは上下に誘う釣りで、これはカワハギを掛けに行く釣り。横の釣りっていうのは、仕掛けを弛ませたり、底で這わせたりする釣りのこと。これはカワハギにエサを吸わせて掛ける釣りですね。ただ、お客さんが多い船の中で、入門者が横の釣りをしたら、周囲の人とオマツリしたり、根掛かりしちゃいます。だから最初は縦の釣りがおすすめ。そういう私も仕掛けのトラブルが面倒だから、縦の釣りがメインですよ」

それでは、基本的な縦の釣りとはどうするのか？

「仕掛けがボトム（底）に着いたら、サオを高く上げる。それからゆっくりとサオを下ろしていって、最後にオモリがボトムに付くまで下げていく。この動作の繰り返しです。簡単でしょ！　それを5～6回やってアタリが出なかったら、仕掛けを回収してエサを確認するのを忘れないこと」「この釣り方はほとんど下げでアタリが出ます。そのアタリは外道だったり、本命のカワハギだったりしますが、回数を重ねていくと、どんなアタリが外道で、逆にどうならカワハギなのかが分かるようになるはず。すると外道のアタリで合わせなくなるし、本命のカワハギで合わせられるようになる。外道のアタリはアタック系で、ブルッとか引っ張ったりするアタリ。カワハギのアタリは、ホバリングしながらエサをついばむので、ゴリッとかコリッとするアタリ。これが分かればカワハギ釣りはもっと面白くなって、釣果があがるはずです！」

誘い下げはV字を描き スピード変化で状況を読み解く

そして、三石さんの下げ誘いは、ただ下げるのではなく「V字書き」をしていく。サオが高い位置では大きなVを書き、だん

山下丸は電車釣行も可能だ

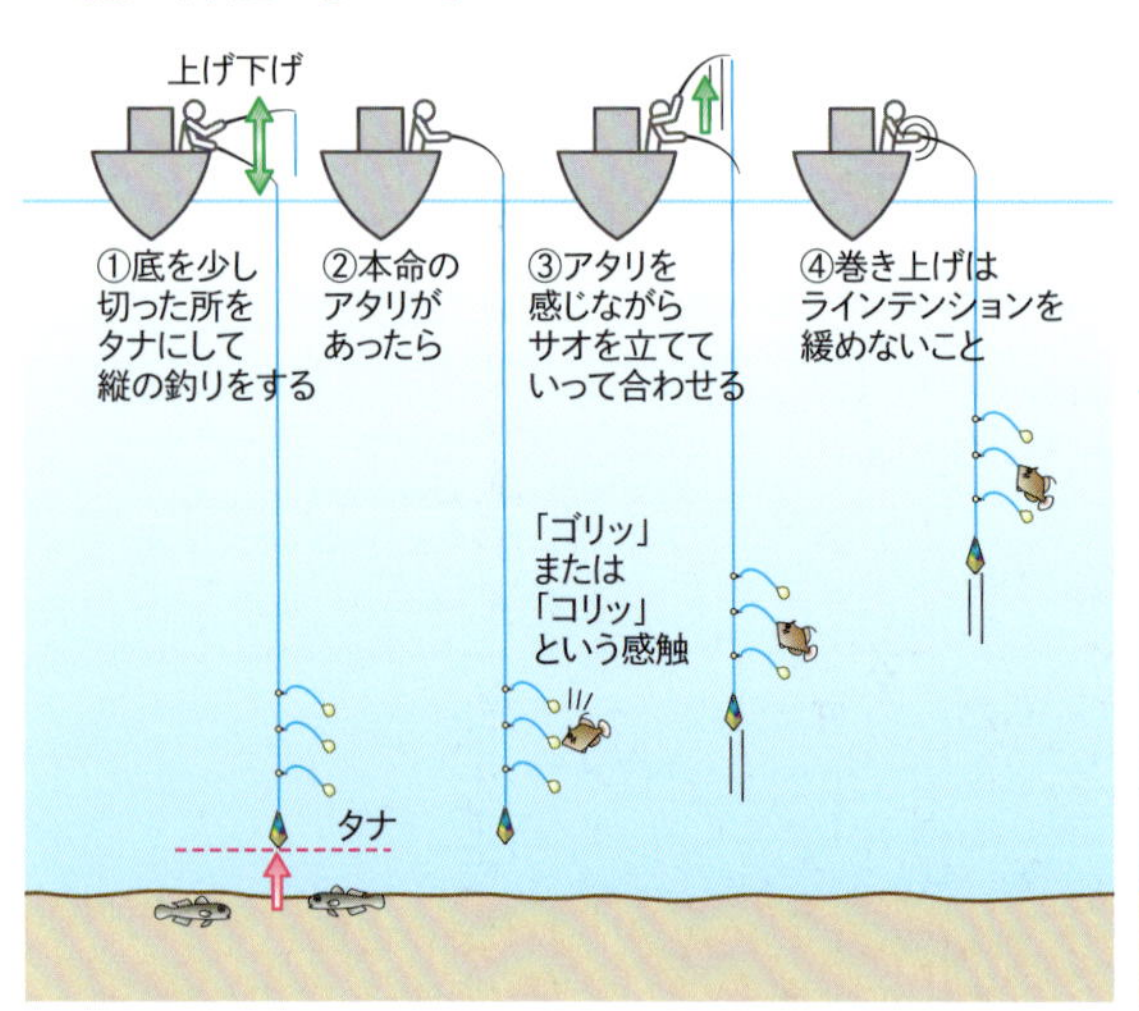

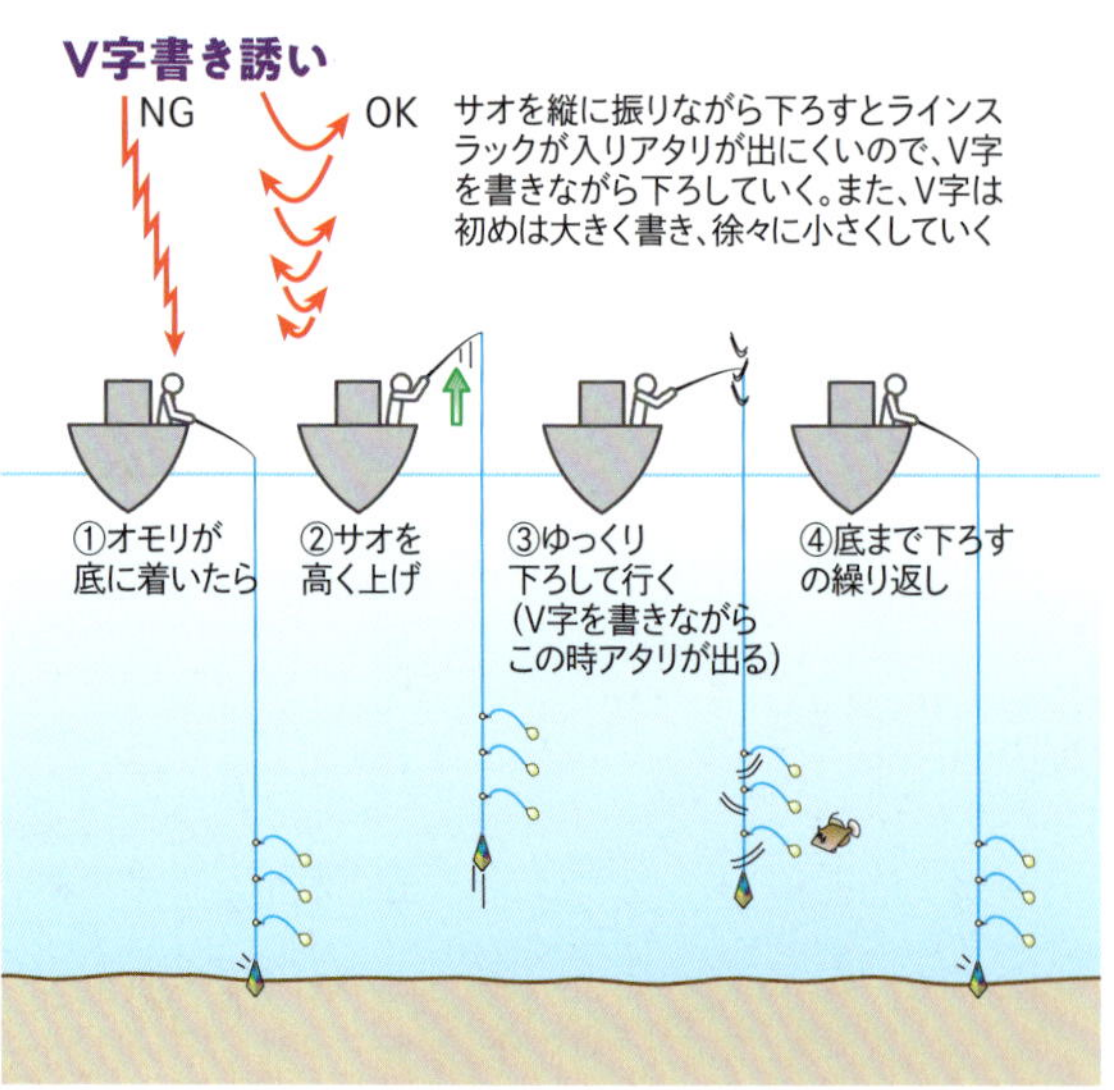

だん小さくしていって、ボトム近くでは穂先がほんの少し動く程度のVを描く程度になっていく。ただ縦に振りながら下ろしていくと、ラインにスラックが入り、アタリが出にくいのだそうだ。アタリがあるから合わせることができるというのは言われてみればもっともなこと。それが縦の釣りなのである。特に三石さんが使っているスレバリは、ちゃんとアワセをしないと魚が掛からないそう。そこで、アタリを感知したあとは、ガツンと強く合わせることも多いが、基本的にはアタリがあったら、アタリを感じながらサオを上げて行けばカワハギは掛かるという。

　そして前述のとおり、三石さんはこの時に外道のアタリとカワハギのアタリを聞き分けている。外道のアタリの時は魚が掛からないようにサオを振ってしまう。それでも外道が掛かってしまうことは多々あるが、本命のカワハギのアタリの時は、サオを立てて掛けにいく。

　実際にこれで三石さんはカワハギをヒットさせるのだが、スレバリで掛かったカワハギが外れてしまうことはないのだろうか？

「入門者には、半スレバリを推奨しますね。ハリの形状がカエシの役割をするから、ある程度まで刺されば、ほとんど抜けることはないですよ。でも巻きのテンションを緩めちゃダメですね」

「本命か外道かアタリが微妙なのがキタマクラです。これはカワハギとフグの丁度中間くらいのアタリが来ます。だから、キタマクラが掛けられない人は、カワハギも掛けられないですね」

　この日は、強い北風に加えて潮がほとんど動かず、釣りの状況はよくない。そんな

今井寿美礼さんもキモパンのカワハギをゲット

カワハギ釣りの外道の代表格といえばベラ、トラギス、サバフグ、キタマクラ。なかでも「キタマクラが釣れるようにならないと、カワハギは釣れない！」とか

アタリが分かれば、無駄なくカワハギを釣ることができる

風があって釣りにくいコンディションのこの日、三石さんが重視していたのはサオ先を安定させること

中でも三石さんは自分なりのパターンを見つけて、カワハギをヒットさせていく。三石さんが見つけたこの日のパターンは何なのか聞いてみた。

「今日は状況があまりよくないでしょ。こういったタフコンディションの時は、仕掛けをあんまり動かしちゃダメ。たとえば中には、タタキ動作を間違えて解釈している人がいる。タタキ動作は、魚がたくさんいても食わない時にする、じらしの誘いなのです。今日のように、エサがあまりなくならず、アタリが少ないってことは、魚が少ないってことでしょ。それなのにタタキ動作をしたら、かえって魚が逃げちゃう。カワハギ釣りで大切なのは、仕掛けの動かし方のスピードを変えることによって、エサの食べられ方やアタリの出方がどう変化するか試してみることですね」

「どれくらい動かしたら、エサを取られ、逆にアタリが出やすくなるのか、そのスピード変化を読み解くことでパターンが見つけられます。だから、今日の私はあまり仕掛けを動かさないというパターンで、少ないアタリを出し、本命のアタリだけ合わせるようにしています。それと、ボトムで外道のアタリが多い場合は、タナをボトムから少し切って、上の層で釣るのも手。ただ、今日は底で外道のアタリがあったけど、底を切ったらカワハギのアタリもなく、結局、全体にアタリの出ているボトムを中心に釣っています」

座ったままサオを上下に操っているだけで小さなアタリを出し、そのアタリから確信をもってヒットにつなげていった三石さん。これまでカワハギ釣りであまり釣果が伸ばせなかった人、今がまさにビギナーの人、どちらも三石さんの指南を参考に、テクニカルで楽しいカワハギ釣りにぜひチャレンジしてほしい。

手の平に乗る通称ワッペンサイズのカワハギはリリースしよう

HIRAME

◎千葉県／外房大原出船／LTヒラメ釣り（2月）

サオ先は下げすぎず水平気味に。ライトにねらう身厚な寒ビラメ

この日の船中イチ、3kg弱がドスン！

ビギナーでも釣れる。けれどもテクニカル

沖釣りでも人気の対象魚であるヒラメ。特に冬場は産卵期を前にイワシなどのエサを追って浅場に寄る時期にあたり、昔から数も型もねらえる「寒ビラメ」のシーズンになる。

ひと昔前まではロッドが2・7m前後、リールが中型両軸受けリールで、置きザオの釣りというのが定番だったが、現在はライトタックルでのヒラメねらいが急速に浸透している。なかでもこの釣りの導入に積極的なエリアの1つが外房の大原だ。

2月1日、やって来たのは大型船3艘を擁し、受付の目の前が乗船場の長福丸。ダンディーな藤井敏昭船長と息子の俊輔船長・大佑船長がそれぞれに活躍するアットホームな船宿だ。この日はヒラメ船担当の俊輔船長を弟の大佑船長が中乗りでサポートする。

大原の朝は早い。朝5時半の出船時はまだ真っ暗。明るい港でガイドにラインを通しておいたら、釣り場となる沖合に着くまでの30分ほどはキャビンに入る。太平洋の

エサ付け

① イワシはなるべくウロコが剥がれないように頭部をやさしく保持

② まずは口からハリ先を入れる

③ 上アゴの目に近い部分（硬い場所がある）の中心線にカエシまでしっかり抜いて刺す。中心を外すと海中でイワシが回転してしまうので注意

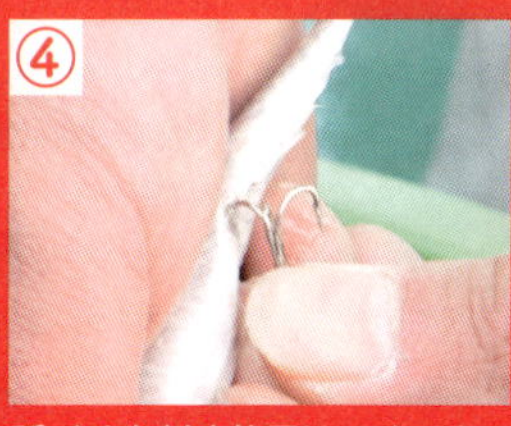
④ 孫バリを刺す位置はいくつかある。大佑船長のおすすめは肛門近くに1本のハリを刺すもの

⑤ 作業はなるべくイワシを水から出さずに行なうとよい

⑥ 根掛かりが起きやすい場所では背ビレのやや後ろに引っかけるのもよい

⑦ 側面のウロコを2～3枚ハリ先で落としてから体側に掛ける方法もある。三石さんは「イワシが弱りにくく泳ぎもよい気がします」とのこと

⑧ イワシが付いたらていねいな投入も大切。ハリスを持ちなるべく余計な衝撃を与えないようにイワシ、オモリの順で海に入れる

釣り場は太東崎沖。船長は流しごとに船の左右を入れ替える

大海原に面したこのエリアは季節風の北東風とウネリが名物。油断していると冷たい飛沫を浴びる。

「いろんな釣りをやっているけど、ライトヒラメは特に好きな釣りの1つです。タックルが軽くてアタリも明確。だから女性や入門者にも分かりやすい。それでいて、釣果を伸ばすには的確なロッド操作も欠かせません。つまりとてもテクニカルでもあるのよね」

外房のヒラメ釣りは「横流し」のスタイル。船の側面に風を当てて流し、船が横向きにポイントの上を通過していく。釣り人は左右両舷に入るので、風下側（＝潮先）の人たちはラインが船の下に入りこむ形になり、風上側（＝潮下）の人たちはラインが沖に払い出して行く形になる。テクニックが付いてくればどちらが有利というのはあまり気にしなくてよいが、いずれにしても長福丸では条件が均等になるように、一定の流しごとに船の左右を入れ替えてくれる。

ライトタックルのヒラメ釣りでは「サオ先を下げすぎないのがコツ」と三石さん

横流しの基本イメージ

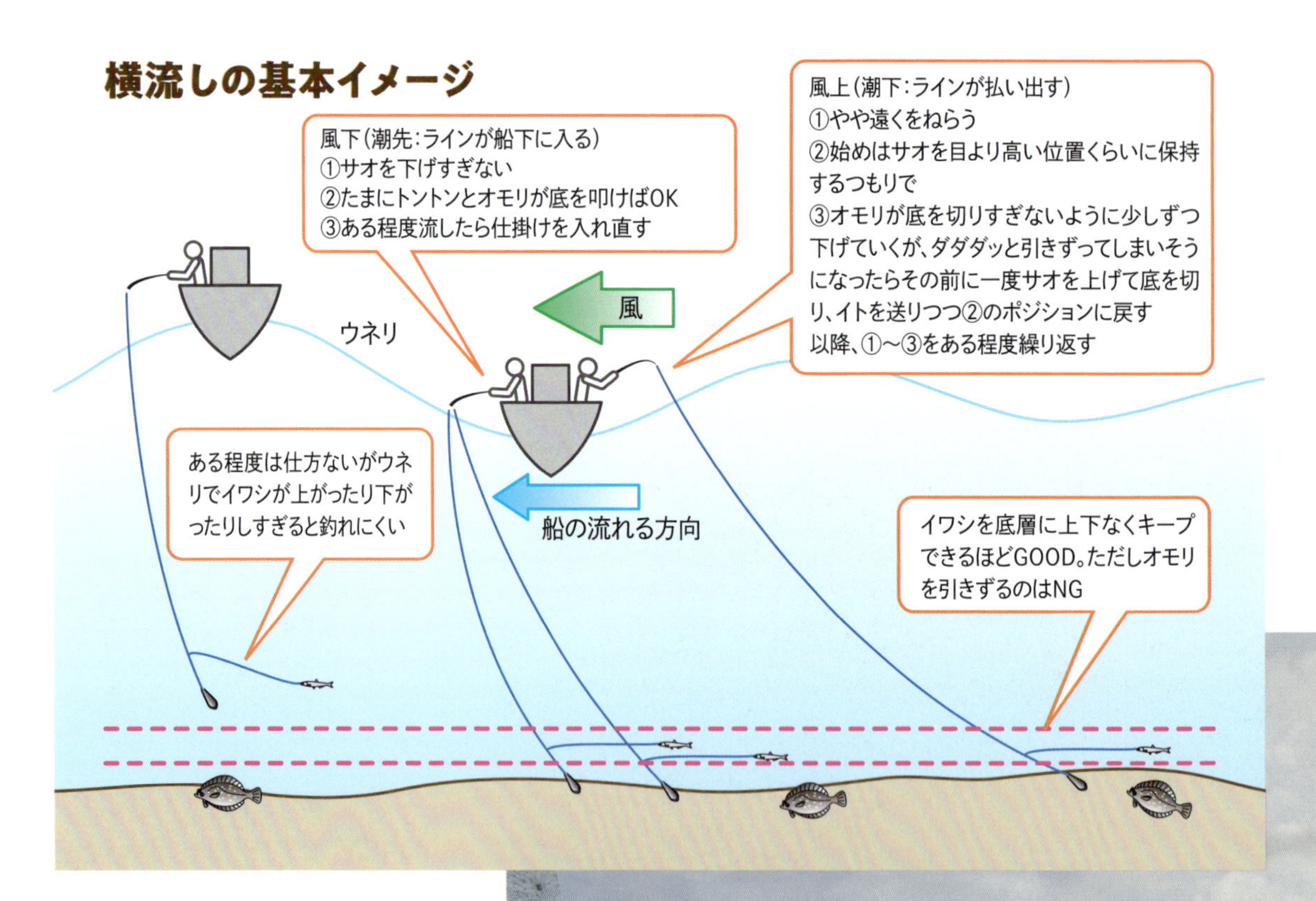

底にイワシを泳がせる

「ヒラメは底にいるから、イワシが浮き上がっていると釣れません。でも、オモリが底を引きずってしまうのはダメ。イワシが取れてしまうし、取れなかったとしても弱まるのが早いでしょ。この釣りはイワシの元気度が釣果に直結します」

「ダダダッとなる前にサオ先を上げてオモリを切る。少しサオを上げたところで少しイトを出し、オモリが底に着いてトンとなったらあと少し送る」

このこまめなタナ取りのコントロールができることこそ、ライトタックルの真骨頂と三石さん。楽に釣れる、掛かった魚の引

「なるべくイワシを弱らせないよう、船の揺れに合わせてサオを上下させました」という今井寿美礼さんは右舷ミヨシでこの日トップの４尾をキャッチ

GUIDE

●問合先：長福丸（☎ 0470・62・0603、080・1278・0603）
●乗合料金：1万2000円（氷・エサ付き）、出船5時半
●交通：東京湾アクアラインを渡り圏央道・市原鶴舞IC下車。R297を右折して勝浦方面に向かい、船子交差点を左折してR465を進むと突き当りが大原港。港沿いに長福丸の駐車場と待合所がある

ヒラメ船担当の藤井俊輔船長。ビギナー大歓迎で「分からないことは聞いてくれれば何でもアドバイスします」

きを存分に味わえるというだけでなく、そもそも置きザオで対処できない状況の時でも釣れるというメリットがあるのだ。

「ライトタックルはサオが短いから、サオ先の位置は少し上で待つのが基本です。最初からサオ先が下を向いた状態だと、アタリが来た時に引きこませる余白が持てないでしょ？　よく勘違いしている人がいるのだけれど、アタリがあったあと、食いこませようと仕掛けをたるませるのは逆効果。ヒラメはテンションが急に抜けてしまったエサは離してしまいます。だから、サオ先の送り込みで引きこませるのが大切ですね」

あとは底ダチを確認するため、たまに仕掛けを上げ下げする動作などもゆっくり行なう。これもイワシを弱らせないためだ。

ちなみに、潮のぐあいによっては置きザオで動かしすぎない釣りをするほうが釣れることもよくあるそう。そんな時はサオ掛けに置いてのんびり構えてみるのもよい。

「ただし、突然大ものが来ることも珍しくないから、サオ受けはしっかりしたものを用意すること。ライトタックルだからと簡易タイプのサオ受けを持ってくるのはこの釣りではおすすめできません」

◀三石さんのリクエストで大佑船長が星智子さんのイワシをセットすると……

効果てきめん！　しっかりとアワセも決まって見事に本命をヒットさせた

青い海からゆらりと大判のシルエットが浮き上がってくる光景はヒラメ釣りの醍醐味

流しでオモリ替えもあり

最初のポイントは太東崎沖。釣り場の水深は20m前後。オモリは50号が指定された。あたりはまだ真っ暗で風が冷たい。「どうぞ」のアナウンスでさっそく仕掛けが入るが、船中しばらく反応はない。とはいえ日の出前からまだ薄暗い時間帯までは、イワシが多少底を離れていてもヒラメが食って来る可能性があるチャンスタイム。

すると、潮先側で釣っていた乗船者に最初のアタリが出た。ただし、サイズは1kgほどで寒ビラメと呼ぶには小型だ。このシーズンは沿岸部の水温が例年に比べて高く、いつもなら北から入って来るイワシの群れがまだ少ないとのこと。大判ビラメはこのイワシの群れとともに南下してくる。例年であれば年明け頃からその季節になり、するとイワシを飽食したこれぞ寒ビラメという身厚の大ものが連発する。

船の下にラインが入る潮先側を釣る時は、前述のとおりサオは水平を基本にしつつ、たまにオモリが底を叩くくらいのタナをキープ。あまりラインを送り過ぎないうちに回収して仕掛けを入れ直す。

潮下側を釣る時は、船長の指示にもよるが、慣れてきたら潮先側を釣る時よりもオモリを軽くして沖目をねらうイメージで釣ると効果的。払い出す流れの時、浮き上がろうとする仕掛けを手前で底近くにキープするのは難しい。やや遠めをねらったほうがラインの角度が浅くなり、オモリを底近くに保ちやすくなるからだ。

「根掛かり多発地帯でなければ、オモリをかなり軽くして、思い切り沖を釣るベテランさんもいますよ」と船長。

外房エリアは大きなウネリがあり船が上下していることが多い。その時、オモリ（とイワシ）は底から大きく離れている。「イメージとしては、いかにイワシを上下させずに底付近で安定して泳がせていられるか。それによって釣果が変わります」というのも船長アドバイスだ。

三石さんのタックル&仕掛け

ロッド
船用ライトゲームロッドや
ライトヒラメロッド2m前後

ミチイト
8本ヨリタイプの
PEライン
1～1.5号 200m

リーダー
フロロカーボン
7号 2m

仕掛け
がまかつ ライトヒラメ

ハリス
6号 90cm

リール
小型両軸受タイプ

捨てイト
4号 30cm

オモリ
50号
（船宿指定）

親バリ
プロヒラメ 16号

14cm

孫バリ
トレブル13 #7

釣ったヒラメは死なないうちに血抜きをするのが美味しく食べるコツ。白い腹を上にしたら、エラ内の脊髄部分と尾ビレの付け根の2ヵ所にある血管を丈夫なナイフで断ち、軽く折り曲げると血が抜ける

エサ付けにチャンスあり

日が出て来るにつれ、型は伸びないものの、安定してアタリを出し始めたのは右舷ミヨシで釣っていた三石さんの釣り仲間の今井寿美礼さん。ロッド操作でウネリをなるべく吸収することを心掛けていた。

三石さんは、隣で釣っていたライトタックルヒラメは初挑戦の星智子さんの面倒を見つつ、厄介なゲストのサメにてこずる場面もありながら、満潮からの下げ始めの時間帯に来たアタリを穂先で見極める。落ち着いてサオ先を送ると、ぐっと引きこまれたタイミングで乗せるようにゆっくり大きくアワセ。「ヒラメは乗せたあとは一定のリーリング。ポンピングなどは要りません」と余裕で3kg弱をキャッチする。

ここで三石さんは、なかなかアタリが出ない星さんに「一度、大佑さんにエサを付けてもらおう！」と提案。これは決して冗談で言っているのではなく、ヒラメ釣りではエサのイワシの付け方の違い、あるいはその手際の差で釣果が変わることがよくあるのだ。そこでしばらくアタリがない状況での仕切り直しも含めて、中乗りとしてサポート役に当たっていた大佑船長に実演を兼ねてエサ付けをしてもらった。

すると三石マジック。ものの見事に次の流しで星さんのサオに反応が出る。しっかり食い込みを待ってから合わせると、星さんもヒラメをゲット。午前11時の沖上がりまでに無事全員釣果を得ることができた。

「イワシは海中で回転せず、弱らないようにハリを掛けるのが基本中の基本。ハリに掛ける作業も仕掛け投入の直前にしましょう。とにかく元気なイワシがこの釣りの重要アイテム！」

レンタルタックルで気軽に挑戦することも可能なので、ぜひ旬の寒ビラメに挑戦してみてほしい。

▲長福丸では血抜きのほかにさらに神経締めもお願いできる

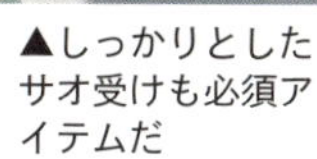

▲しっかりとしたサオ受けも必須アイテムだ

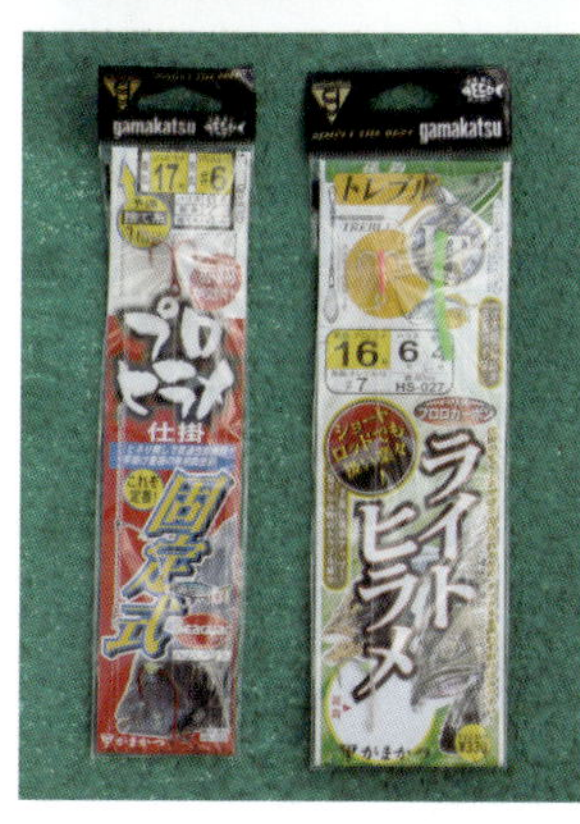

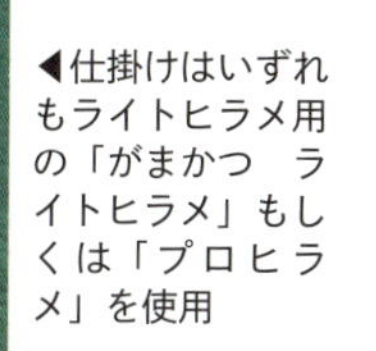

◀仕掛けはいずれもライトヒラメ用の「がまかつ　ライトヒラメ」もしくは「プロヒラメ」を使用

MADAI

◉千葉県／外房大原出船／一つテンヤマダイ釣り（3月）

違和感あれば鬼アワセ！乗っ込み好機の一つテンヤマダイ

この日は午後船を利用。マダイのアタリが集中したのは夕マヅメ。ヤエさんこと星野靖枝さんに鮮やかな良型がほほ笑んだ

シンプルでライト、絶対ハマる

3月下旬、大原港の岸壁に鮮やかなマリンウエアに身を包む11人の女性がいる。女性限定の釣りサークル「TLC」の一つテンヤ教室だ。中心には三石さん。よく通る声で出船前のレクチャーをしている。

「基本のアクションはリフト&フォール。まずは底ダチを取れるかどうか。はじめは6号のテンヤから挑戦してちょうだい」

女性の釣りファンを増やすこと、その交流の場をつくることを目的に10年以上活動をしているのがTLC。会長の金子マミさんをはじめ、今井寿美礼さん、福島寛子さん、そして三石さんが盛り上げて、20代から60代まで幅広い年齢層の会員がいる。年に数回こうした教室を催しては人気を集める。

「一つテンヤはシンプルでライトな釣り。私は7年くらい前から始めたけど、今でも

▲やり取りの基本はサオとミチイトを約90度に保って、ドラグを利かせつつ一定の速度で巻く

三石さんのタックル&仕掛け

ロッド
がまかつ
がま船
ひとつテンヤ真鯛II M/MH

ミチイト
8本ヨリタイプの
PEライン 0.6～0.8号

町屋ノット

リーダー
フロロカーボン
2～3号 3～6m

スナップ付きサルカン
15～20kg耐久のもの

テンヤ
2～10号

リール
スピニングリール
3000～4000番

▶三石さんの愛竿はがまかつ『がま船ひとつテンヤ真鯛II』MとMH。2.5mの長さでバットにパワーがあるので操作性、アワセのレスポンス性能に優れる

すっごく楽しいし、女性も絶対ハマります」と三石さん。

10年ほど前のマダイ釣りといえば寄せエサを使うコマセダイが代名詞。それが近年、爆発的にファンが増えた釣法が一つテンヤだ。発祥の地はここ大原。今回お世話になったあまさ丸の天野正毅船長は言う。

「一つテンヤはミチイトのPEが強くなり、細くなったことで誕生しました。大原の釣り場はもともと和歌山の漁師が開拓したんです。和歌山からビシマ釣りやシャクリ釣りが伝わって、その進化系が一つテンヤです」

テンヤとは、簡単にいうとチモトにオモリの付いたハリである。古くから和歌山ではテンヤにエビエサを付け、マダイを一本

テンヤの重さは2～10号をメインに、潮が速い状況を考慮して18～20号があると万全。アピール系のグローや金と、エサ取りがうるさい時には三石さんは黒を使う

GUIDE

●問合先：あままさ丸（☎ 090・8686・1200）
●乗合料金：1万2000円（エサ込み、氷付き）。学生、女性割引あり。出船は午前船4：30～、午後船12：30分～（午後船集合11：30）
●交通：東京湾アクアラインを渡り圏央道・市原鶴舞IC下車。R297を右折して勝浦方面に向かい、船子交差点を左折してR465でいすみ方面へ。大原の交差点を直進し突き当たり手前の路地を右折し、しばらく行くとあままさ丸。休憩所のログハウス前に集合

黒葛原陽子さんも一つテンヤ初挑戦

ベテランらしい落ち着いた釣りでウマヅラハギのアタリをとらえる福島寛子さん

1尾目の本命は三石さんに来た。フォール中に感じたカツンのアタリを鬼アワセで掛け取った

釣りする漁師がいた。

　単純な道具立て、シンプルな釣り方で魚の王様マダイが釣れる。寄せエサを使わないので汚れにくいし、ビシや中オモリを介さないからアタリも引きもダイレクトでスリリング。となれば、女性も興味を抱きやすい。ちなみに今回の参加者のうち4名は初挑戦だ。

「大原は広範囲に根があります。30分ほど沖に出ても海底には15～30mと高さのある根がそびえています。だからマダイや多くの魚が居着きやすいんですね。乗っ込みの最盛期は5月に入ってから。時には10kgクラスの大ダイも出ます。3月下旬はまだ走りの時期ですから中型が多いですけどね」と天野船長。

　メンバーが乗り込み仕掛けの準備を済ませると港を出た。曇り予報だったが晴れ間

冷凍エビの付け方

①
エビの尾羽根をハサミでカット

②
孫バリをまずはセット。三石さんの基本的な装餌法は頭の付け根から刺して、頭部の殻に抜く

③
続いてテンヤのハリを尾羽根から入れて、背に沿わせるように刺していく

④
エビが真っすぐにセットされていればOK。これが曲がっているとフォール時に回転したり不自然な動きになる

⑤
こちらは天野船長の装餌方法。孫バリを口から刺してハリ先を出す。このほかにも孫バリのハリ先を出さない刺し方やいくつかの方法がある

良型マダイが天野船長のタモに収まり、船上に歓声が沸く。この後も星野さんは乗りに乗って3尾ものマダイをゲットした

がのぞいて心地よい陽気。だが、沖に出ると大きなウネリが押し寄せていた。

ドラグを調整し、底を取れるテンヤでスタート

一つテンヤはパラシュートアンカーを入れての流し釣り。今回は水深40〜70mのラインを探るという。ウネリが高く船が大きく揺れるので底ダチを取りにくく初心者には極めてタフなコンディション。おまけにこの日は潮色が澄んでいた。マダイの好条件はニゴリ潮だ。

一つテンヤ専用ザオの特徴は食い込みを弾かないように穂先はしなやか。穂持ち以下は鋭くアワセが決まるように張りがある。長さは揺れる船上でも底ダチが取りやすい2・5m前後が多い。テンヤの負荷に応じて硬軟の異なる数タイプがあるが、取り回しがよいのはMH（ミディアムハード）。リールはスピニングの2500〜3000番。ミチイトはPE0・8号が標準。高切れ対策としてスプールにはミチイトを必ず200m以上巻く。リーダーはフロロカーボン2・5号を3m。太すぎると根掛かりの際に高切れする。PE0・8号ならリーダー2・5号が適当だ。なおミチイトが細いのでドラグの調整は必須。目安は1・5kgである。

「1・5ℓのペットボトルに水をいっぱい入れて、イトに結んで引っ張るとジッと滑る感じ。慣れない人は船長や中乗りさんがドラグを調整してくれるけど、女性は力がないからね。1、2メモリ締めちゃってい

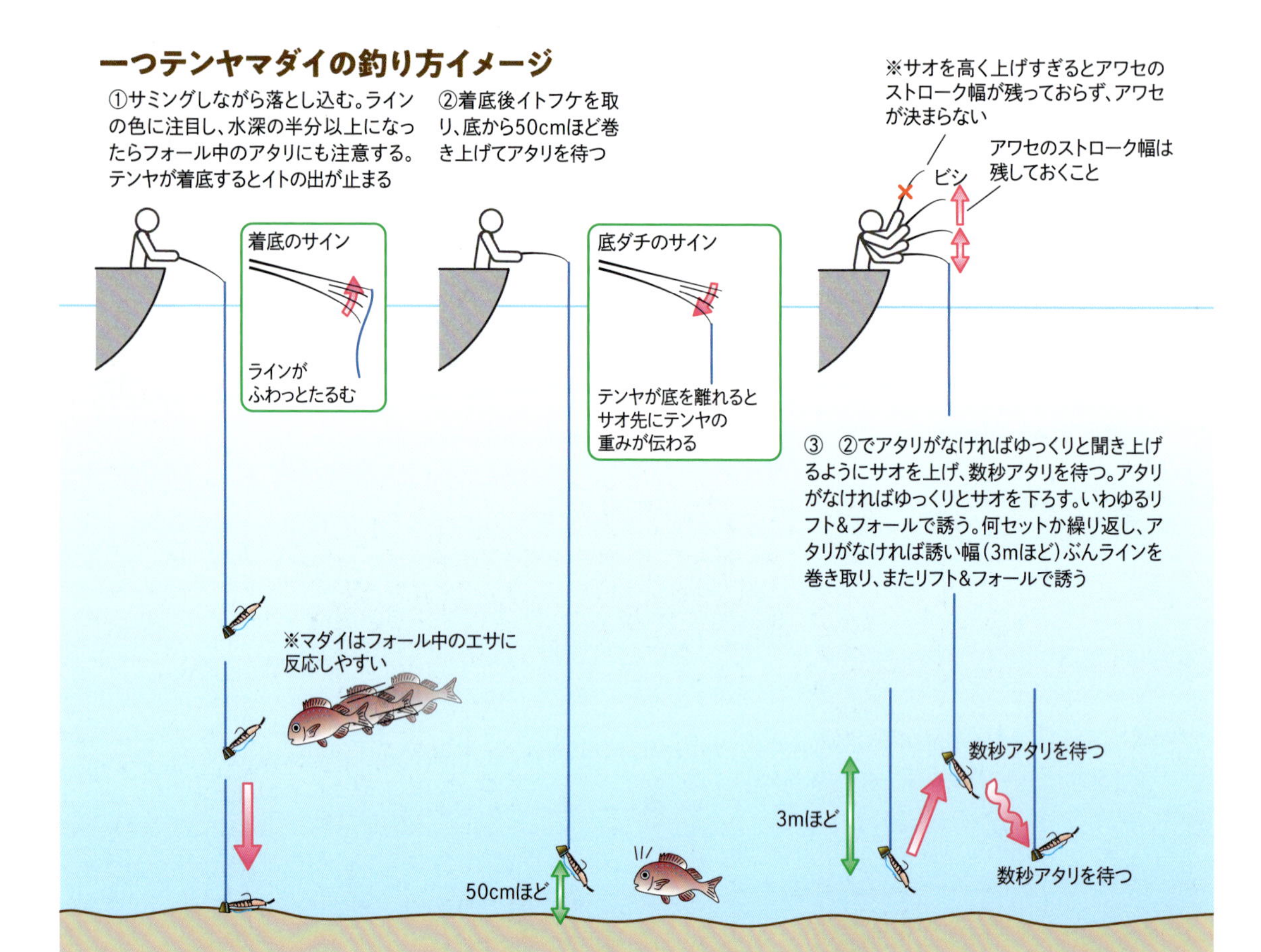

い。そうしないとなかなか魚を浮かせられない」

テンヤの重さは1〜20号と幅広い。潮の速さに応じて底ダチの取れる最も軽いテンヤを選ぶ。この日、三石さんは6号程度から始め、底ダチが分からなければ徐々に重くするように周囲にアドバイスした。エサは冷凍エビ。真っすぐ刺すのがキモである。

基本はリフト&フォール。ゲンパの猛襲の中でチャンスを待つ

釣り方は、まずテンヤを潮上に投入してフリーで落とす。マダイはフォール中にヒットしやすく、着底の間際は集中したい。そのためミチイトは水深マーカーの付いたPEを使うのが基本。多くのPEは10m毎に色が変わるので、着底時のカラーを覚えておく。イトの色を見て、着底が近くなったところでサミングしイトがフケすぎないように調整。着底後はラインを素早く巻き取って底から50cmほどテンヤを上げる。アタリは着底直後に多いので数秒はようすを

中乗りの松嵜好昭さんが掛けたのはマハタ。一つテンヤではこんなロックフィッシュも珍しくない

今井寿美礼さんも本命を手に

見る。ここでアタリがなければ、ゆっくりと聞き上げるようにサオを上げ、目線の高さくらいでポーズ。アタリがなければ誘い幅の分だけラインを巻き取り、同じ誘いを繰り返す。この誘いを水深の半分くらいまで行なうこと。マダイは底付近だけでなく中層でも食ってくる。アタリがなければ再度着底させてリセットする。

最初のアタリをとらえたのは福島寛子さん。かんこさんの愛称で親しまれるベテランだ。慣れた操作で引きをいなせばウマヅラハギのご登場。

「ゲンパ。一つテンヤの代表的なエサ取りで税金みたいなもんよ」

と豪快に笑う。大原ではウマヅラハギをゲンパと呼ぶのだ。

「ゲンパのアタリはしつこいの。ぐずぐずと絶え間なく当たる感じ。口が小さいからなかなかハリに乗らない。マダイはね、カツンと来る、単発だけどはっきりとした当たり方をする。といっても疑わしき違和感はすべて鬼アワセを入れること」

そんな話をしていると、三石さんの目の覚めるようなアワセがスパンと決まった。浮いてきたのは40cmを優に超えるウマヅラハギだ。無理に引き抜こうとはせず、リーダーをつかんで船内に引き入れた。

「ゲンパを掛けるのって結構難しいのよ。これがコンスタントに釣れるようになれば、そのうちマダイのアタリも取れると思う。ちなみにゲンパが多い時はテンヤの色を変えるのも一つの手。私は目立たないように黒を使います」と三石さん。

終了間際の本命ラッシュ

潮目が変わったのは太陽がだいぶ西に傾いた午後4時過ぎ。三石さんがフォール中のアタリをとらえた。掛かった瞬間、一気に走るが叩かない。水面を破ったのはサクラ色の本命だ。中型なので三石さんは船内に一気に抜き上げた。

「かわゆいけど、とりあえず一安心（笑）」

この1尾で船内の集中力が高まった。すると「きたあ!」と声を上げたのは、ヤエさんこと星野靖枝さん。サオが弓なりになり、ドラグがジーッと高速で滑っている。

「ポンピングはしない。ドラグを利かせつつ、サオとイトの角度を保って一定のテンションで巻いて」と三石さんも応援。そして、鮮やかな魚体がゆらり。船長がタモに入れると拍手が起こった。1kgは超える良型魚だ。

「着底と同時に食いました（笑）」と喜ぶ星野さん。太陽が水平線に沈むかどうかという時間に、今度は今井寿美礼さんが鬼アワセを決めた。これは30cmクラス。さらに続けざまに星野さんの2尾目。間髪いれずに3尾目。ヤエさん絶好調である。にわかに活気づいた船内だったが、ほどなく終了のアナウンスとなった。

大原沖の乗っ込みマダイはゴールデンウイーク以降に本格化する。大ダイをねらって、シンプルでスリル満点の一つテンヤを楽しんではいかがだろう。

MAGOCHI

◉千葉県／内房富津出船／マゴチ釣り（6月）

本気のアタリが出るまでポーズ！照りゴチの駆け引き

三石さんの１尾目。これを皮切りに連発劇が始まった

ヒラメ40、マゴチ20

千葉県富津港は三石さんのホームフィールド。ひらの丸の小幡哲也船長は、近年、その富津で初となるマゴチ乗合をスタートさせた。

　マゴチの生息域は砂地がメイン。砂の中に潜って目だけを出して獲物をねらい、主

完成仕掛けのがまかつ『照リゴチ』はエビエサに効果的

三石さんの愛竿はがまかつ『がま船マゴチ SPECIAL255』（右）

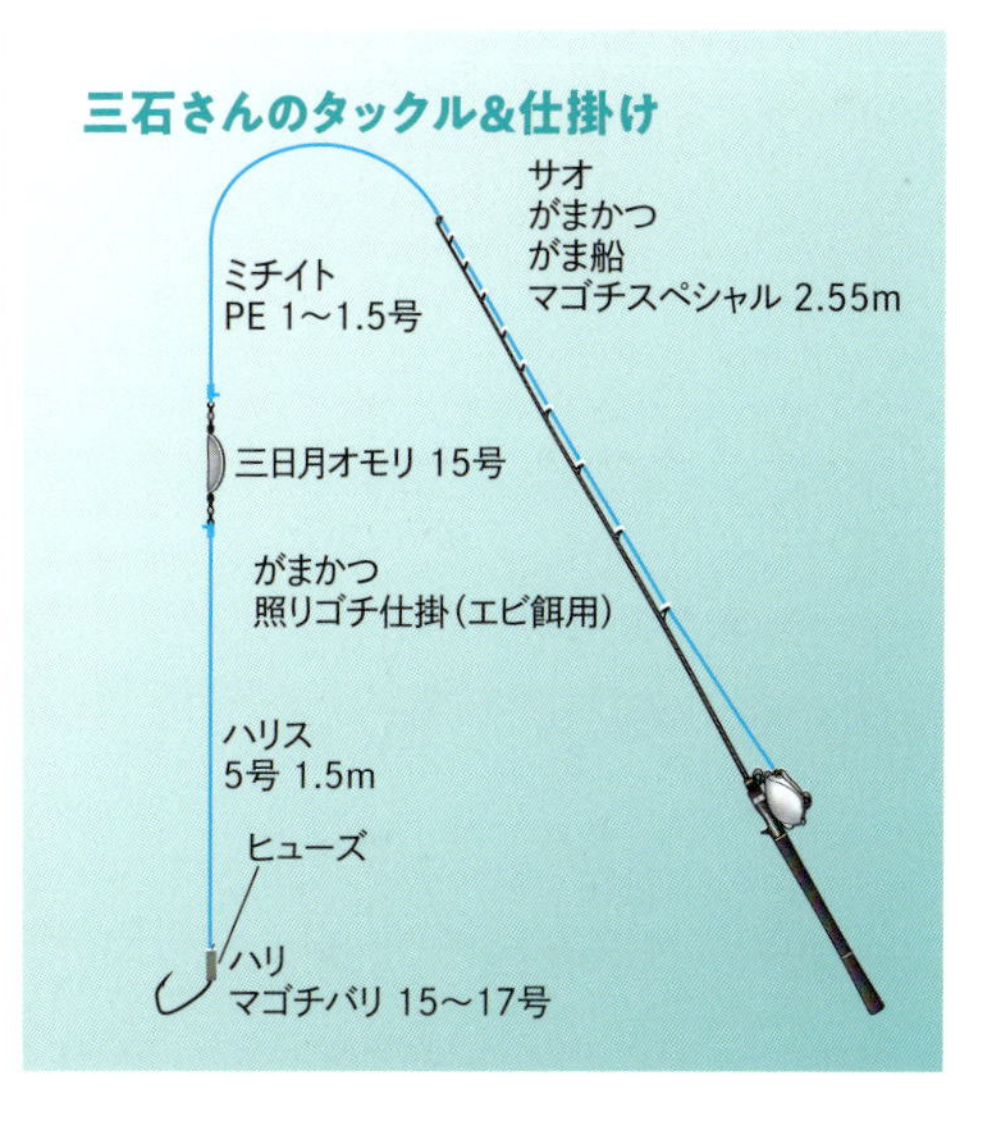

エサのサイマキエビ。死んでしまったエビは持ち帰って食べても美味

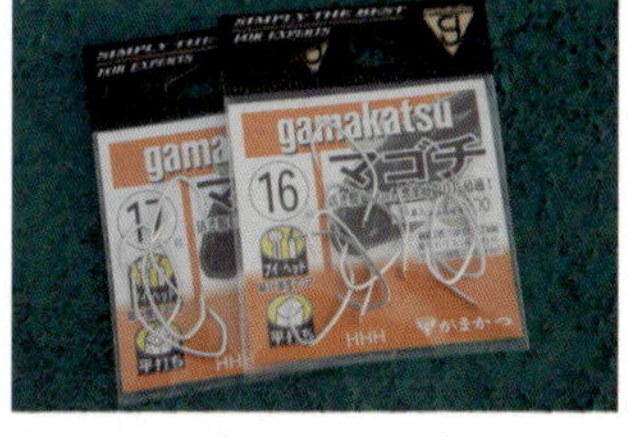

換えバリはがまかつ『マゴチ』15 ～ 17 号

三日月オモリ 15 号とハリに巻くヒューズ

食は甲殻類や小魚類。エサを待ち伏せし捕食距離に入ったエサをダッシュして捕らえる。口は大きいが一発で吸引せず、ゴリゴリと噛み潰しながら食べる。「ヒラメ40、マゴチ20」と言われるが、食い込みを待つのはこの採餌の仕方に合わせてのこと。初夏は産卵期で浅場に乗っ込む。太陽が照り始める夏は「照りゴチ」と呼ばれる旬。ちなみに東京湾ではエビをはじめ、メゴチ、ハゼなどもエサにする。

「サオはバットのしっかりしたライトゲームモデルなら何でもいけます。長さは2m前後が適当です」

水深3～18mの浅場ねらい。オモリは15号。三石さんは三日月オモリを愛用するが、腕長10～15㎝の鋳込みテンビンを使う人も多い。ミチイトは1号。

「ドラグは全締め。でないと鬼アワセをした時にフッキングが甘くなるのよ」

ハリスはフロロカーボン5号を1・5m。マゴチバリ16～17号にヒューズ（イトオモリ）を巻くと、エビの浮き上がりを防ぎエ

マゴチの黒目はハート型。エラには鋭い棘があるのでご注意を

鬼アワセが決まった瞬間、サオが鋭く弧を描いた

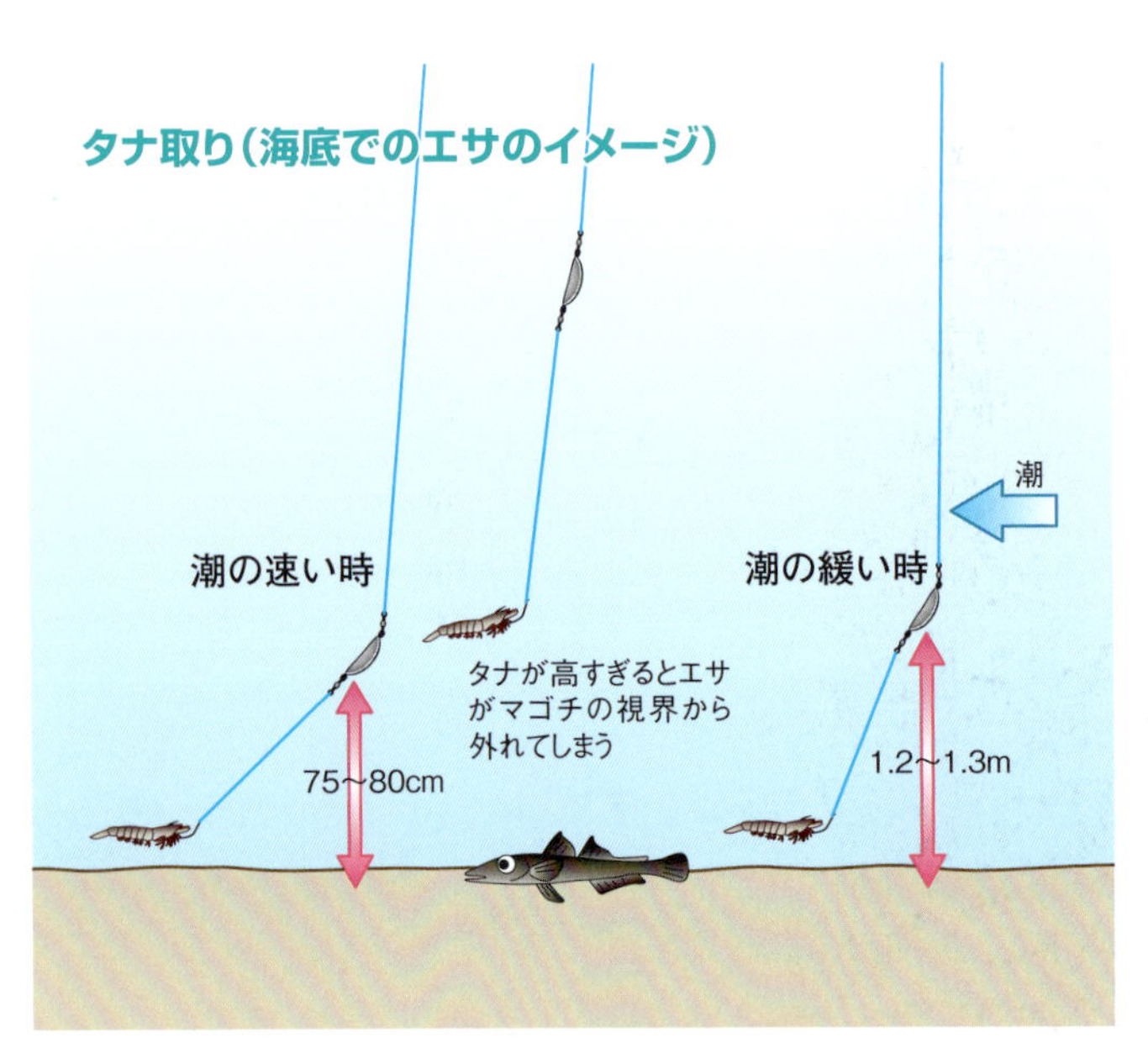

激しい首振りで暴れるマゴチの引きを一度味わえばやみつきに

ビの姿勢が安定する。

今回のエサはサイマキエビ。付け方が重要である。ケン(目の間から伸びる角のような部分)をカットし、口からハリ先を入れてケンの後方にわずかにハリ先を出す。急所のワタを外してエビの中心線からズレないようにまっすぐ刺すこと。

こまめにエサ換えとタナ取りを

釣り方は単純だ。オモリ着底後ハリス分を巻き上げる。エビが海底付近をゆらゆらと漂うようなイメージの釣りを心掛ける。潮が速ければハリスが横になびきやすい。となれば、少しタナを下げる。このように潮の速さに応じてタナを調整する。

「タナ取りの数はアタリの数に結びつきます。オモリを一旦底に付けてタナを取り直す動きは誘いにもなる」

初挑戦の伊上麻衣さんは暴れる「エビが怖い」と言ってエサ付けに難儀している。三石さんが「目を押さえればおとなしくなるよ」と丁寧にレクチャー。

「エサが弱っているとアタリが遠くなるからね。ポイント移動の時や、周囲が当たっているのに釣れない時はエビを水面まで浮かせてチェックする。『となりのトトロ』の猫バスみたいにエビが足をシャカシャカしていればOK!」

生きのよいエビをきちんと付けて、タナをまめに取る。この2点がアタリを出すまでの要点である。醍醐味は前アタリから本アタリが出るまでの駆け引き。ズンズンと穂先に前アタリが現われ、ギュンと締め込んだら相図。エサを離されないように集中し、本アタリでアワセをくれる。

基本は1本ザオの手持ちだが、三石さんは置きザオスタイル。

「アタリの多い魚じゃないから。富津のマゴチファンは置きザオにする人が多いのよ」

簡単なタナ取り方

イカを持ち帰りたい人はタモの中でジップロックに入れる。三石さんはビニールの上から甲の骨に指を突っ込み、身を断ち切って締める

タナが深すぎるといたずらをするのがコウイカ類。モンゴウイカやシリヤケイカはマゴチ釣りの代表的なエサ取り。写真はモンゴウ

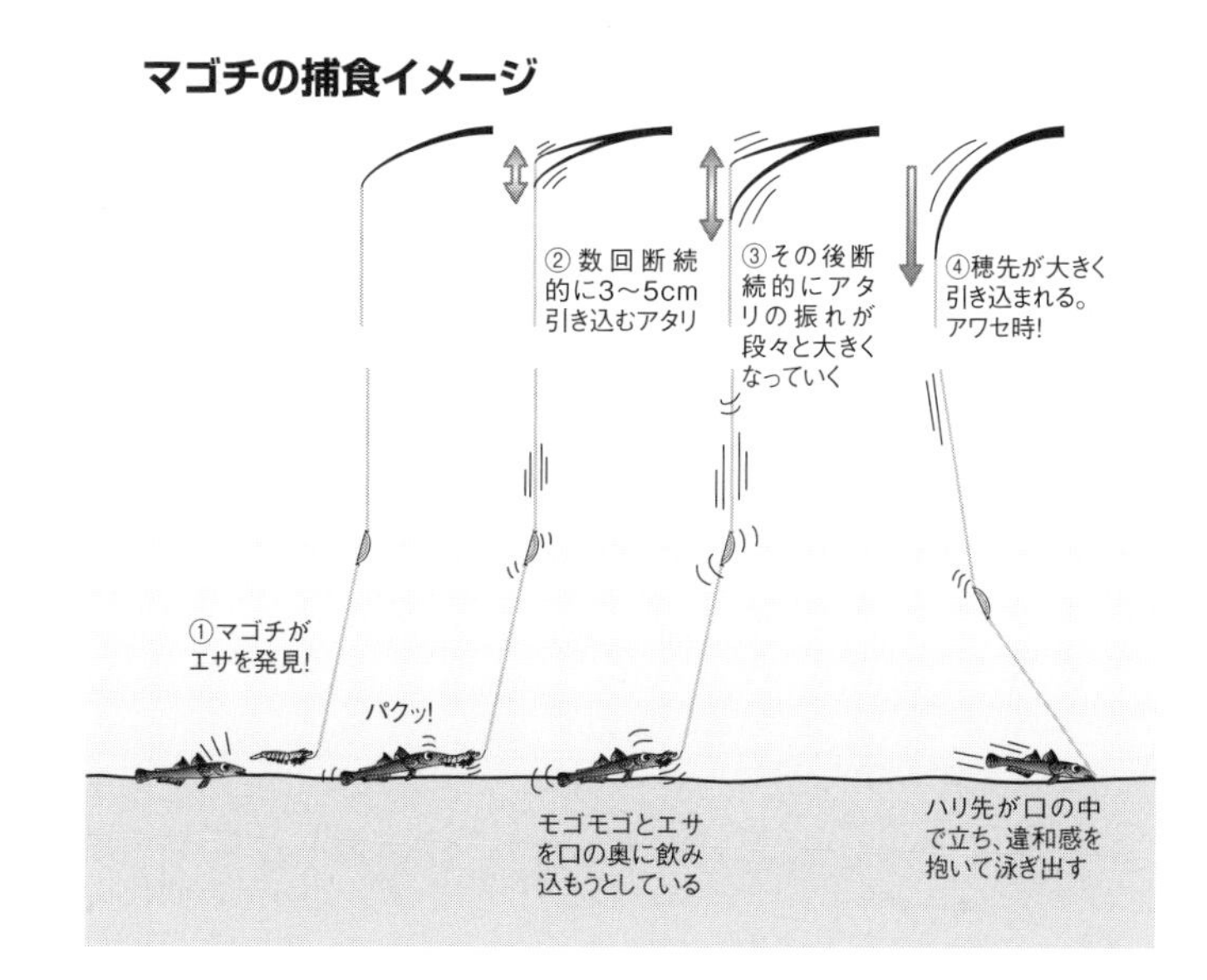

この日１番の61.5㎝を釣ったのは黒葛原陽子さん

法は穂先を海面まで下げてオモリを着底させ、そこから穂先を水平まで上げる。すると約1・5m、ハリス分のタナにオモリが浮く。

第一ポイントでエサを投入し30分が経過。と、静かにサオを構える星智子さんがびっくりするような大アワセを決めて、サオが満月になる。激しく走るマゴチを淡々と浮上させると、小幡船長がタモ入れ。

「小さなアタリが強くなったところで、思い切って合わせました（笑）」

「誰かが当たったらまだ近くにいる可能性が高いから。速攻でエサを換えてください」

と三石さんは手早くエサを付け換える。と、フワフワと穂先を揺らすようなアタリが出る。「イカがまとわり付いてるね」

アタリの正体はシリヤケイカ。砂地を好むスミイカやモンゴウイカといったコウイカ類はエビが大の好物だ。マゴチのいる海域に多く代表的なエサ取り。もちろん美味しく食べられるのでキープするのもよし。ただし、船内を墨で汚さぬように浮かせたイカはタモですくってタモの中でジップロックなどの袋に入れる。また、即座に締めたほうが袋を噛みちぎられなくてすむ。

「タナが低すぎるとイカばっかり当たるからね」

と言っているとシリヤケイカが各所で浮上し、エビが弱ってしまうのだった。

ビギナーの根本みなみさんも無事にヒット

▼この日が乗合船２回目、マゴチ釣りは初挑戦という井上麻衣さんも良型をキャッチ

この日のサオ頭になった星智子さん。バシッとアワセを決めていたのが印象的だった

誰かが釣れたらエサ交換

三石さんはタナを何度も取り直す。沈黙が1時間ほど続いた後で、重量感のある前アタリが現われた。

「来た」

と静かにロッドホルダーからサオを外す。左手でリールを抱き、右手は元ザオに添えて集中。そして本アタリを見極めて鬼アワセ。だがバットが絞り込まれたのはつかの間、すぐに曲がりが戻ってしまう。「ギャーッ、空振ったー」と三石さんは天を仰ぐ。それでも本命が近いとにらんでエサを付け直し投入。ほどなく本命と思しきアタリが出る。三石さんはサオがブレないように手にするとポーズ。ひときわ力強いアタリを見極めてサオを跳ね上げた。

「決まった」とゴリ巻き。速攻で浮かせてキャッチ。

「マゴチは近くにいるよ！　タナを取り直して集中。エサが弱い人は付け換えるべし」

と指示を出す。ここからアタリが連発。あっという間に2尾目のアタリをとらえる三石さん。同じタイミングで金子マミさんもゲット。「もどかしい前アタリが来たんです。どこなの？　とアワセ時が分からなかったんですが、待って、待って、やりましたよ」と笑顔だ。

淡々とサオを構える星さんもビシッと合わせて2尾目をキャッチ。そしてエビを恐れていた井上さんも掛け「ガンガンくる引きがたまりませんね（笑）」と目を細める。

正午を回ってからは金子さんが2尾目。初心者の根本みなみさんも三石さんのサポートを受けてヒット。そして「ツヅちゃん」の相性で親しまれる黒葛原さんは、この日一番のパワフルな引きで上がってきた61・5cmを手にする。このビッグワンはタモ入れの瞬間に5号のハリスを切った。14時の沖上がり間際には、クールな星さんが4尾目のアタリをとらえて、サオ頭になる。

「本アタリが出るまでのドキドキ感がやばいでしょ」

と言うとみんながうなずく。ちなみに三石さんおすすめのマゴチ料理は、粗めの金タワシでヌメリをきれいに取って、皮付きの空揚げにする。定番の薄造りもおすすめでワサビ醤油よりはポン酢に浸けて、また塩で食べると旨いという声も。甘みがあり腰のある肉質はフグに似る。スリリングな釣りとともに美味しいマゴチに舌鼓を打とう。

GUIDE

●問合先：ひらの丸（☎090・6163・3115）
●乗合料金：9500円（氷、サイマキエビ5匹付き。追加は1匹100円）
●交通：館山自動車道・木更津南ICで降り、富津岬方面出口を降りてR16を富津方面へ。県道265号で富津港に入りひらの丸の船着場

親切で明るい小幡哲也船長がサポート

TACHIUO

◎大阪府／大阪湾泉佐野出船／テンヤタチウオ釣り（10月）

関西流“テンヤタチウオ”を攻略！ 追わせるエサと誘いのスピードがキモ

10月に入ってからの好調そのままにグッドサイズ！

西日本の船釣り一番人気！

関西の船釣りの中でも、他の追随を許さない圧倒的な人気を誇るのが、大阪湾を中心に盛んに行なわれているテンヤタチウオ釣り。10月末、三石さんがやってきたのは、この釣りを得意にする泉佐野の上丸だ。

この釣りで使うテンヤは、オモリに直接大きな1本バリとハリガネが付いたもので、そこにエサのイワシを巻き付ける。最近はエサ持ちのよいサンマを持参するマニアも増えており、地方によってはコノシロを使うこともある。

テンヤタチウオのシーズンは、元々、お盆明けから年内いっぱいというのが通例だった。ところが、ここ数年はポイントの開拓が進んだこと、そして何より急加速する

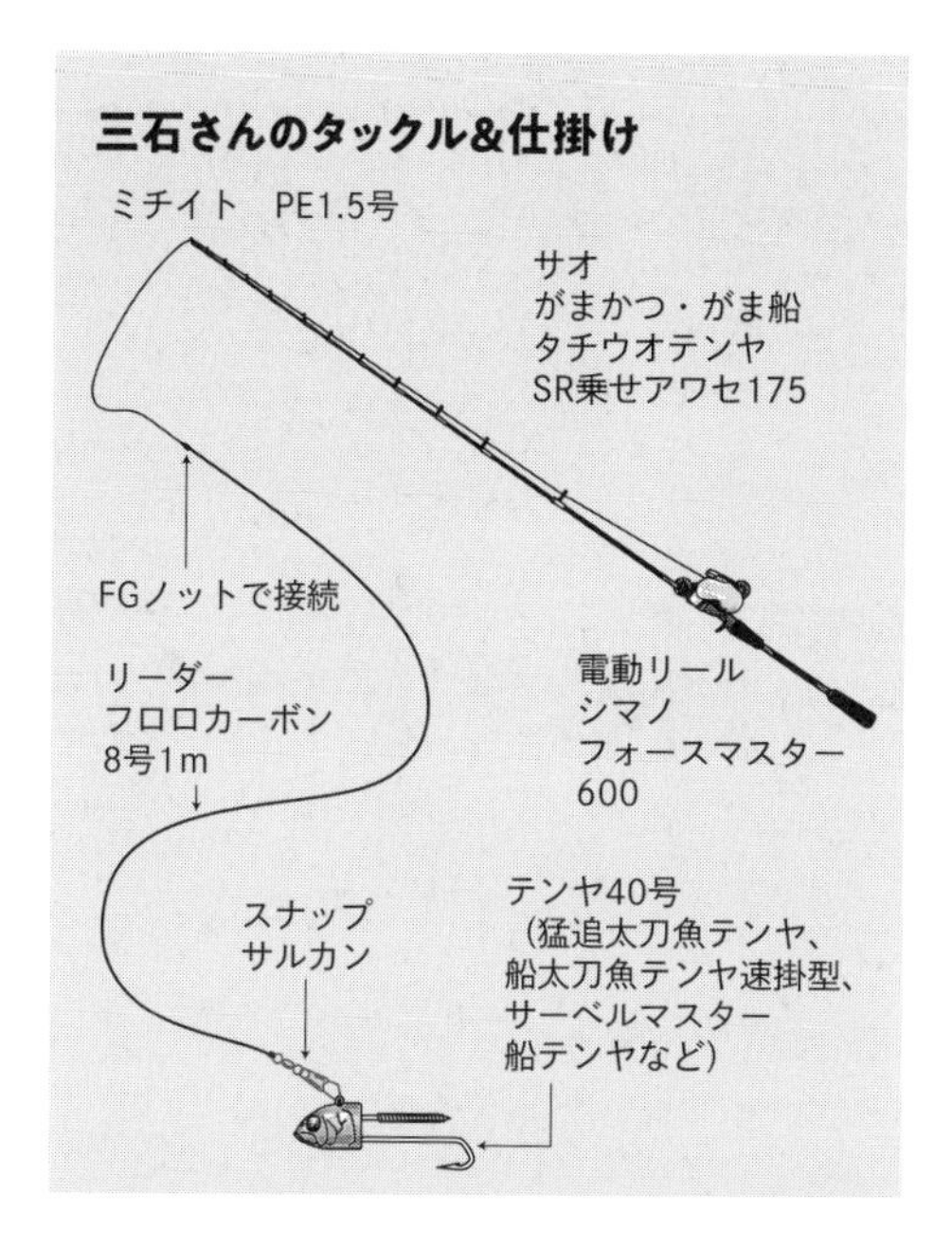

釣り場は泉佐野から航程１時間ほどの淡路沖。
水深約100ｍから釣リスタート

異常なまでの「タチウオ熱」で、完全なオフは5～6月のわずか2カ月ほどである。好調な年は、体長120㎝、幅指5本を超える「ドラゴン」も船上に姿を見せる。ちなみに型ねらいに定評のある上丸では、130㎝でドラゴンと認定している。

逃げる獲物を演出する

この日の第1投は午前7時。ポイントは淡路沖の水深約100ｍだ。底に濁りがあるので、船長からの指示により中層50ｍ付近からスタート。さっそくテンヤを上へ上へと誘い上げる三石さん。止めた瞬間、コツンという感触。ここからが勝負だ。

タチウオにエサを追わせるように、さらに数ｍ巻いて誘い上げると、穂先に「グン」と重みが掛かる。ここでねらいすましてロッドでアワセを入れた瞬間、直下にドスンと激しい引き込み。これがたまらない。朝陽を浴びて、ギラギラと輝くタチウオが船上へ舞った。

この釣りは、エサを巻き付けたテンヤに、タチウオがアタックしてきてからが勝負

穂先をコツンと叩くようなアタリやフッと浮くようなアタリを捉え、そこからどうタチウオとやり取りするかがこの釣りの勘所

この釣りのキーアイテムとなるテンヤ各種。ハリのシャンク部分にケンが付いており、イワシを刺したら付属のハリガネで巻いて固定する。上から「猛追太刀魚テンヤ」「船太刀魚テンヤ速掛型」「サーベルマスター船テンヤ」。猛追太刀魚テンヤにはイワシの頭を落としてセット

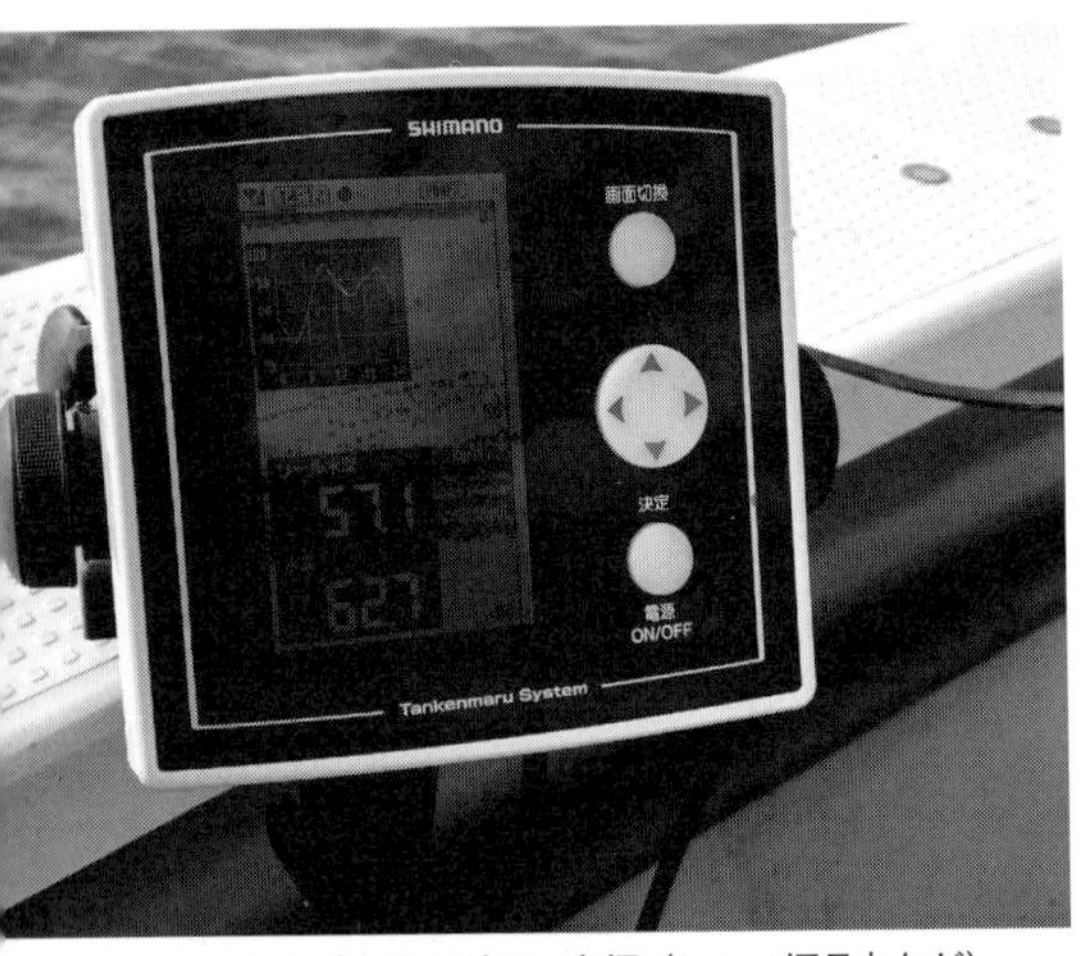

タナ探りが重要なだけに魚探（シマノ探見丸など）も大きなアドバンテージになる

リールはパーミングしやすい小型電動リールを使う。高切れの可能性もあるので充分な糸巻き量のあるタイプを選ぶ

テンヤタチウオは手持ちの釣りなので、ロッドとリールの使いやすさも釣果に直結。この日のロッドは「がま船タチウオテンヤSR乗せアワセ175」を使用

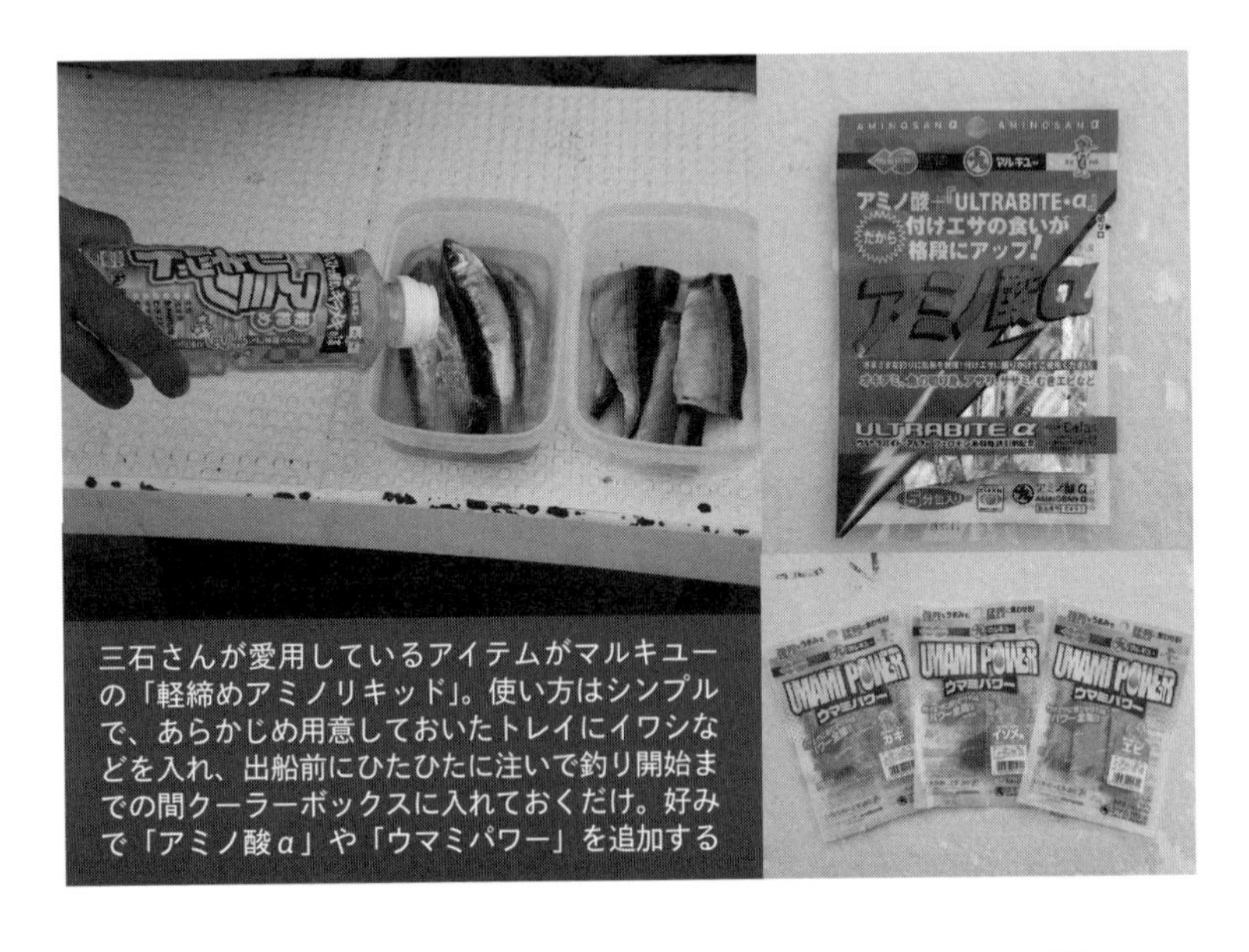

三石さんが愛用しているアイテムがマルキユーの「軽締めアミノリキッド」。使い方はシンプルで、あらかじめ用意しておいたトレイにイワシなどを入れ、出船前にひたひたに注いで釣り開始までの間クーラーボックスに入れておくだけ。好みで「アミノ酸α」や「ウマミパワー」を追加する

だ。「タチウオは、エサを見つけたら、鋭いカミソリのような歯で何度も突いて獲物を弱らせてから捕食します」と三石さん。細く平べったいアゴをしているので、エサを丸呑みできないせいもあるだろう。とにかくエサを見つけると、口先でついばんでは離す、という行動を取ることが多い。

ゆえに、小さな「コツン」というファーストアタックがあってから、いかに魚にやる気を出させ、追わせるか。次のバイトを誘発するには、逃げる獲物を演出するように、さらに上へと誘い上げる。やる気を出したタチウオが何度かバイトしながら付いてきて、夢中になってイワシの腹をガッツリくわえればしめたもの。穂先に重みが乗った瞬間、アワセを入れることで、大きなテンヤバリをタチウオに掛ける。

エサのチェックと準備がカギ

そんなテンヤタチウオだが、「私がこの釣りで重視するのがエサです」と三石さん。「バイトがあったエサの状態を、いつも念入りにチェックして、そこから次の誘いを考えますね。たとえば、エサをチョンと噛んだだけで終わっちゃうなら誘いが速すぎる。お腹をボロボロに噛まれていたら、誘いが遅すぎる、とか。他には、尻尾だけ噛まれているような時は、これも誘いが遅くて見切られてしまったのかな、とか」。

そしてエサ選びや下準備も大切。「私はイワシを基本に使いますね。イワシがすぐにボロボロにされてしまうくらい、めちゃくちゃ活性がいい時には、エサ持ち重視でサンマを使うって感じかな」。

サンマはしっかり締めたいので、ジップロックなどを利用し、前日から「アミノリキッド」と「バクバクソルト」に浸しておく

ファーストアタックからの「追い」が肝心なこの釣りだからこそ、しっかり追わせて「本アタリにつなげるエサ」を作る。すなわちエサ持ちがよく、突いてきたタチウオの次のバイトをしっかりと誘発するような、理想のエサ作りだ。この時に基本となるのが、アミノ酸を主成分とする「軽締めアミノリキッド」である。

「身を締めてエサ持ちをよくしたいのはもちろんですが、ただ締めるだけではなく、同時に、魚がやる気を出すようなフレッシュ感も出したいと思って私も開発に携わったアイテムです。イワシの場合には、より自然に近いフレッシュ感も出したいので、朝、船に乗ってから漬けておくだけでOK。反対に、サンマはしっかり締めたいから、前日から他のアイテムも合わせて使ってしっかりと締めています。もちろん、イワシも好みでしっかり締めたいなら前日から漬けておけばOKです」。

上丸では、普段から船で配るエサをアミノリキッドに漬けている

ベストなテンヤをチョイス

また、最近はさまざまなテンヤが登場していて、これらの使い分けもポイントになっているが、三石さんの一番のお気に入りでメインとなっているのが、従来のテンヤよりも一回り小さい「猛追テンヤ」だ。

これは上丸の村上船長の監修により完成されたテンヤで、元々厳寒期の食いが渋くアタリが出ない状況の時に、波止用テンヤにオモリをプラスして試したところ、アタリが出たことから開発が始まった、という経緯がある。

「猛追テンヤは、やっぱりアタリが多いことが魅力。ただ、小バリは通常サイズに比べるとバレやすいというデメリットはあるから、タチウオのサイズが大きかったり、活性が凄く高い時には従来サイズのテンヤを使うほうがいい場面もありますね」と三石さん。

タナ、誘い、アワセ。変化を付けパターンを見極める

ベタ底だったり中層だったりと、一日の中でも目くるめく変化するタチウオの泳層をいかに見つけるか。これも、この釣りならではの面白さ。ベテランになると、タナ探りにもこだわりが出てくるが、「50mに反応があるなら、朝イチだったら55mくらいから始めるかな。誘ってみて45mでもアタリが出るなら、上のほうのタナをねらいますね。上のタナにいるタチウオのほうが、活性が高いので、アタリが出るならばタナは上へ、上へ」。

ストップ＆ゴー、電動スロー巻き、ジャークなどを組み合わせながら、その日、その時のタチウオの好む誘いを見つけ出すゲーム性の高さがこの釣りの醍醐味

誘いは状況に応じて、手巻きのストップ＆ゴー（巻く↓止める）、電動スロー巻き、ジャーク、シェイクなどをコンビネーションした釣りで、これは魚の活性や移動スピードを感じ取ってパターンを見極めていく。

一般的には、活性が高い時には巻きの速度は速く、移動距離は長め。活性が低い時には、速度はゆっくり、移動距離は短めに誘いを掛けるのがセオリーだが、これも状況しだいで、タチウオの反応を試しながら判断していく。

アワセについては「私は、しっかりとハリに掛かるような本アタリをいかに出すか

通常のものより一回り小さいシルエットにこだわった「猛追太刀魚テンヤ」が威力を発揮。三石さんは朝からアタリを連発させた

定員30名の上丸は、大阪湾のテンヤタチウオのフラッグシップ的存在。村上利行船長は「しのぶ～、はよ釣れよ～！」と強面で口は悪い（本人談）が、実は優しく親切、きれい好き。テンヤタチウオのことならお任せ

ベーシックな誘い方

サオをゆっくり小刻みにクックッと持ち上げて、しばらくポーズを入れタチウオが食う間を与える

サオを下げながら、テンヤが下がらないように、その分だけリールを手巻きする

同様の誘いを繰り返し、船長の指示するタナまで誘い上げる。何度かやってアタリが出ない場合は誘いのパターを変えてみる

GUIDE

●問合先：上丸（☎090・8383・6633）
●乗合料金：1万円（エサ、氷付き）。釣りは6：00出船～15：00沖上がりの全日1日便。仕立船は応相談
●交通：阪神高速4号湾岸線の泉佐野北ICから約2分。佐野市住吉町の食品コンビナート内

がタチウオ釣りだと思っているので、早アワセはせず、しっかりと本アタリを出してから合わせます」とのことだ。

「タナ探りの時には、電動スローの「4」とか「5」（シマノ・フォースマスター）ですね。あまり遅い誘いは好きじゃないので。よく言う『モタレアタリ』が出るっていうのは、私はタチウオに見切られているんじゃないかと思っています。遅すぎる誘いだと見切られてしまうから、意識的に少し速めの誘いをかけて、バイトを積極的に誘発し、本アタリを出させるイメージですかね」。

当日はタチウオの追いが渋めで、ファーストアタックからなかなか追ってこない状況に多くの人が苦戦していた。しかし、三石さんは本アタリまでしっかりつなげていく。地元の常連さんもいる中で、20尾超の釣果で見事にサオ頭となったのだった。

大阪湾を中心に、西日本の各地でファン急増中のテンヤタチウオ。老若男女、初心者からマニアにいたるまで、幅広い人気がある。その勢いはまだまだ全国に飛び火していくことだろう。

TACHIUO

◉千葉県／外房勝浦出船／テンビン＆テンヤタチウオ釣り（7月）

高活性の夏タチ相手にテンビン・テンヤの二刀流！

テンビン、テンヤと自在に釣法を変えて満喫！

型もいい外房は注目のタチウオフィールド

梅雨が明け暑くなりそうな7月初旬。三石さんが訪れたのは、外房の勝浦松部港にある信照丸。外房ではまだあまり行なわれていない、夏のタチウオ釣りに出船している船宿だ。注目は、ジギング、テンビン釣り、テンヤタチウオと、タチウオ釣りの釣法なら何でもOKというところ。例年7～11月くらいまで出船している。

外房の夏タチウオは、レギュラーサイズで指4本の大型が釣れるのが魅力。数も40尾釣れることもあるというから驚きだ。三石さんは、テンビン用とテンヤ用のタックルを用意。リールはどちらも小型電動リールにPEライン1～1・5号を200m巻いたものを使用した。サオは、テンビン用が長さ1・8mくらいのライトタチウオ専用ロッド。テンヤ用は1・7mくらいの先調

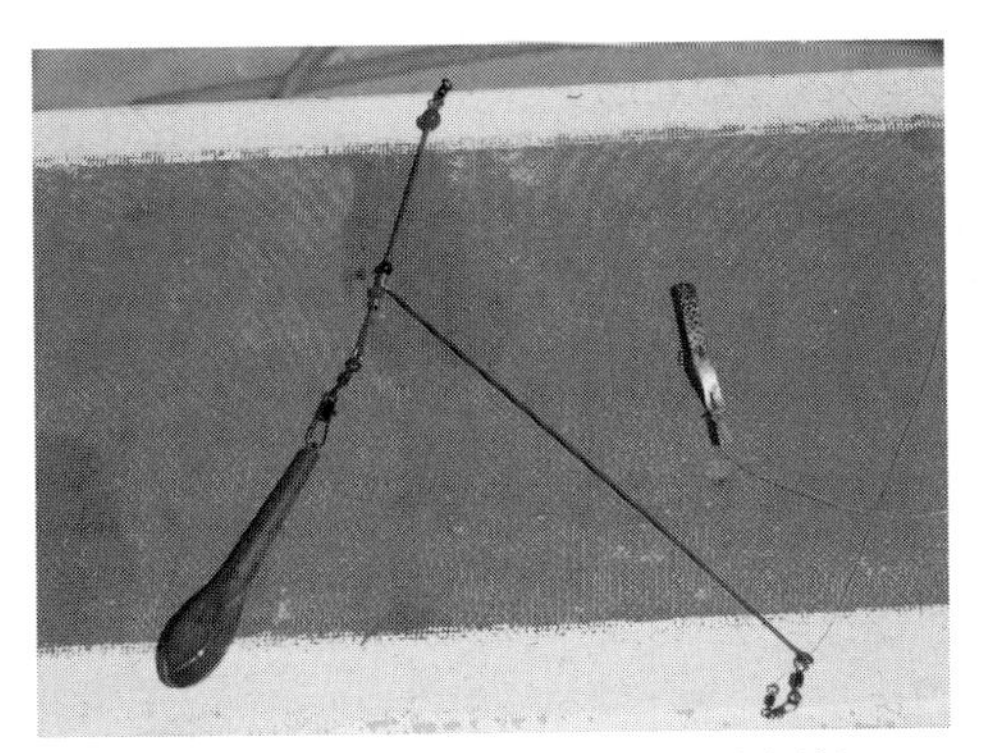

基本のテンビン仕掛け。テンビンは 30㎝以内がよい

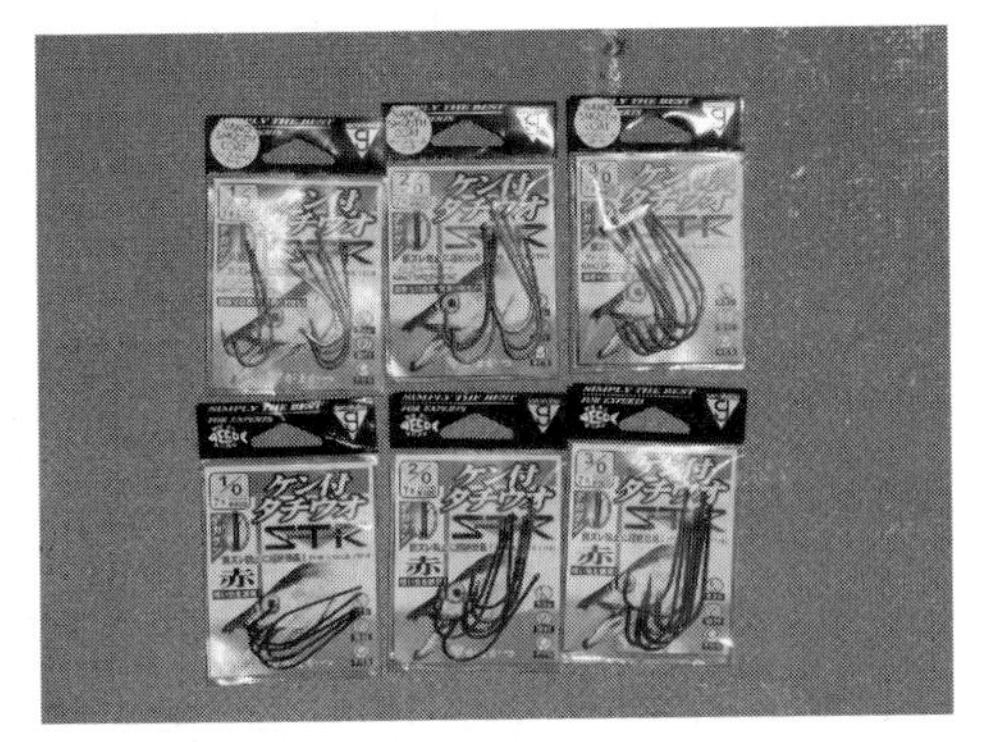

三石さんは大きなケンの付いた専用バリで
1本バリ仕掛けを自作する

1本バリに刺す身エサは、回転しないよう
にまっすぐセット

外房の夏タチウオは指4本がアベレージ
のサイズのよさも魅力

子のテンヤタチウオ専用ロッドである。テンヤタチウオ用のサオは硬めがよいそうだ。

テンビン仕掛けのアドバイス

テンビン仕掛けのテンビンは、太くなく、長くないものが使いやすい。長さは30㎝以内のライトテンビン。長すぎるとオマツリの原因になり、太すぎると抵抗が大きくて上げ下げの際に大変になる。オモリは水深に合わせて複数の号数を用意しておく。信照丸の推奨は100号。潮の流れや深さに応じて自分で微調整するとよい。仕掛けは多めに用意しておく。オマツリなどのトラブルで消失することが多いからだ。なお、船中で仕掛けを売っているかは船宿によるので、事前に確認しておきたい。

三石さんは、その場で1本バリ仕掛けを作る。ハリスは7~8号を2m。ハリはタチウオバリの1~4番をその時のタチウオの大きさに合わせあとはパイプを被せる。外房はレギュラーサイズが指4本なので3番をチョイス。テンヤは40号と50号が基本で、水深に合わせてナツメオモリの10~30号をリーダーに通してプラスする。

三石さんのタックル&仕掛け

テンビン用
テンビン
腕長30cmほど
オモリ
100号
(船宿推奨)
ハリス
フロロカーボン
7~8号 2m
ハリ
タチウオ用ケン付きバリ 1~4番
(チモトにチューブを被せてもよい)

テンヤ用
FGノットで接続
リーダー
フロロカーボン
8号 1m
スナップサルカン
タチウオ用テンヤ 40~50号
(必要に応じてナツメオモリ
10~30号をリーダーに追加)

サオ
ライトタチウオ用1.8m、
テンヤタチウオ用1.7m
ミチイト
PE 1.5号
リール
中型電動リール

アタリはサオを下ろす前にワンテンポ置き、静止させた穂先を見て取る

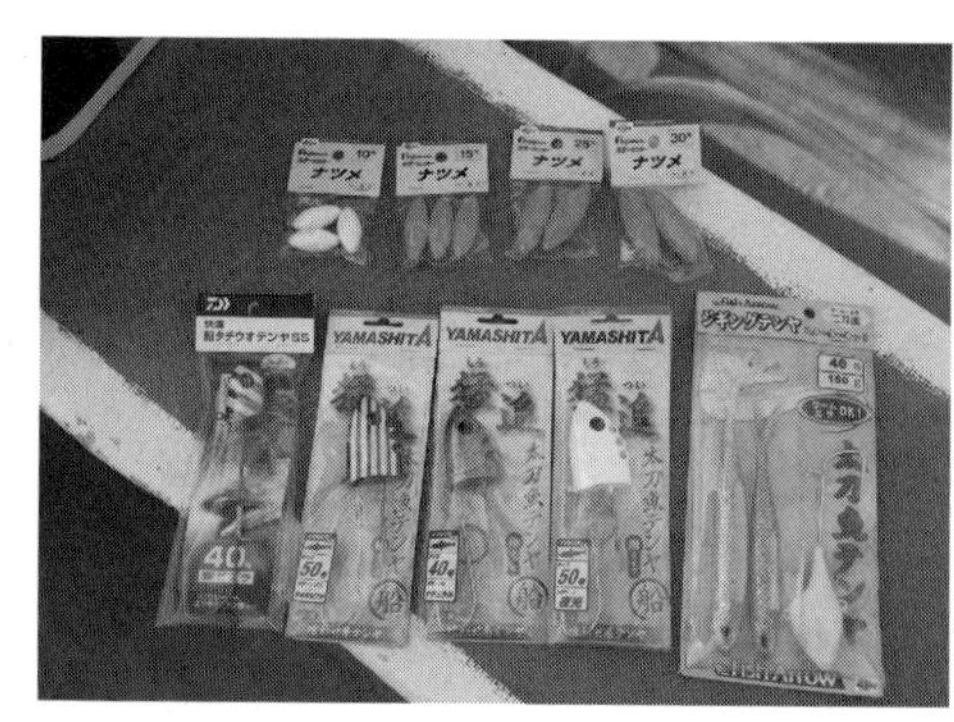

関西流のテンヤタチウオの釣りも楽しめる。40 ～ 50 号のテンヤをベースに追加用のナツメオモリ 10 ～ 30 号を用意

GUIDE

●問合先：信照丸（☎ 0470・73・3483）
●乗合料金：1 万 800 円（エサ、氷付き）。女性・子ども割引あり。午前船の集合時間は 5:00、沖上がり 11:00。タチウオ船は予約制なので、前日までに電話する
●交通：圏央道・市原鶴舞 IC を出たら R297 で勝浦方面へ行き勝浦松部港へ

テンヤ用のイワシは頭をハサミで落とすかそのままで取り付ける

オマツリや釣り方の面倒も見てくれる若船長の吉野達哉さん

船は電動リール電源はもちろんキャビンや3ヵ所のトイレを装備

エサをパワーアップ！

テンビン釣り用もテンヤ釣り用も、三石さんはエサの加工を行なっている。テンビン用は、自分で用意するコノシロの切り身がメイン。テンヤ用は小さめのイワシやサンマの切り身を使う。なお、信照丸ではサンマの切り身が提供される。

エサは塩で締めるのが一般的だが、塩だと身がシワシワになってしまい、ナチュラル感が出にくい。三石さんは「軽締めアミノリキッド」を使い、程よくエサを締めるとともに、フレッシュなキラリ感も出している。イワシやコノシロの切り身は発泡トレーのまま、ひたひたまでアミノリキッドを注ぎ漬け込んでおく。サンマの切り身はジップロック等にアミノリキッドを入れて漬け込む。さらに集魚効果を加えたい時は各種のパウダーを振りかける。

テンビン仕掛けで釣りスタート

外房のタチウオ釣りポイントは、鴨川沖の定置網周り。勝浦松部港からだと約1時間。定置網周りはちょうどブレイクポイントになっている。タチウオはブレイクポイ

ントが好みのようだ。活性が高い時は深みから浅場に上がってきてエサを捕食し、活性が落ちると、深場に行ってしまうという。

三石さんは、まずテンビン仕掛けで釣り始めた。船長から指示ダナがアナウンスされるので、そのタナを忠実に誘うのが基本。たとえば指示ダナが110〜90mなら、その間を誘い上げる。誘いはシャクリ上げ。サオ先を下ろした位置からシャクリ上げたら、一瞬止めた後、サオを下ろしながらリールをシャクった分だけ巻く。この繰り返しが基本。応用としては、シャクリのピッチを短くしたり、長くしたり、シャクリスピードを変化させるなど、自分なりに工夫する。

とにかく上へ上へと誘い上げることがだいじ。アタリが来たらアワセを入れる。かなり強烈に入れないとバレやすくなるので、ビシッとサオが曲がるくらいまでしっかり入れる。タチウオが掛かったら、あらかじめドラグを調整しておいて、電動で一定に巻き上げる。テンビン仕掛けの場合は、テンビンが上がったらテンビンを掴み、次にサオを横に置いて、あとはハリスを手繰って一気に船内に魚を取り込む。タチウオは歯が鋭く強力なので、ハリを外したらすぐにクーラーボックスに入れてしまおう。船内でバタバタさせておくと危険なのだ。タチウオは当たりだすと次々に釣れることが多いので、手返しを早くするのが釣果を伸ばすコツになる。サオをロッドホルダーにセットせずに取り込むのも、スピーディーに釣りを行なうためだ。

覚えて得する三石流〝シェイク〟術

タチウオのアタリがあっても乗せられなかった時は、シェイクのテクニックが有効だ。シェイクは三石さんが考えたもので、アタリがあっても掛からなかった時に、サオ先を上下に細かく振った後、ゆっくりと聞き合わせる方法である。これはタチウオが実際にエサを捕食する時に、一度相手を噛んで、弱ったところを食べる習性を利用したもの。シェイクすることでエサをピク

テンビン用のエサ加工

①テンビン用の身エサはトレーに入れ、「軽締めアミノリキッド」をひたひたに注ぐ

②漬けこみ時間は2時間〜1晩が理想だが、当日なるべく長く漬けておくだけでも効果はある

③漬けこみ終わったエサをさらに「ウマミパワー」や「アミノ酸α」でパワーアップ

④量は好みでOK。振りかけたあとはしっかり揉みこむ

テンヤ用のエサ加工

①テンヤ用のイワシも処理の基本はテンビン用の身エサと同じ

②船で配られるサンマなどの加工にはジップロックを使う

③しっかり漬け込んだら使用前に余分を抜いておけばOK

テンビン仕掛けでは、サオを横に置いたらイトを掴んでそのまま抜き上げる

ピクと動かすことが効果を生む。この日は前半こそややスロースタートだったが、後半は船中のあちこちで指4本サイズが舞った。中には5本のビッグサイズを掛けた人もいる。テンビンのエサ釣りの人が多い中にあって、ミヨシのジギングの人もよく掛けていた。

テンヤはアクションをやや抑える

タチウオの時合が一段落した後、三石さんはテンビンの釣りからテンヤタチウオの釣りに変更。テンヤタチウオも上へ上へと

サンマをテンヤに巻き付ける方法

サンマの身エサをテンヤにセットする時は、写真のように頭から巻き付けたあとにハリガネで留める

身を外に向ける「皮内巻き」は最近好調

皮を外に向ける「皮外巻き」でもよい

シャクって誘い上げるのは同じだが、テンヤタチウオの場合、シャクリをもう少しソフト&スローにする。

関西のテンヤタチウオ釣りでは、タダ巻きする方法もあるくらい。エサのイワシは頭をカットして、付属のハリガネでグルグル巻きにして留める。テンヤタチウオに目が付いているので頭をカットしても問題ないが、バランスを考えて頭を付けたままでもOK。サンマの切り身を使う場合は、細長くカットしたものをボリュームが出すぎないように巻き付けるのが大切とのこと。厚ければカットし、薄くしながらハリガネを巻き付ける。ちなみに最近は皮外巻きよりも皮内巻きのほうが食いがよいそうだ。テンヤタチウオの釣りは、エサがなくなるまで何度もできるのが利点だ。

「外房のタチウオ釣りは、レギュラーサイズが大きいので、釣っても食べてもいいですね。テンビン釣りのエサはタチウオの口に入りやすいのが強み。テンヤタチウオの釣りは、他魚にエサが食われないのがいいけど、タチウオの口には入りにくい。それぞれ一長一短だけれど、両方楽しめる外房の船はとにかく遊べる！　これからタチウオをやる船宿も多くなって、技術的にも上がってくると思うので、これから外房のタチウオ釣りはますます目が離せないわね！」と三石さん。外房のオールラウンドな夏タチウオ釣りをぜひ経験してもらいたい。

テンビン、テンヤ、ジグと多彩な釣り方で釣果が出た

KAWAHAGI

◎千葉県／南房館山出船／カワハギ釣り（10月）

黒潮が差す温暖な南房で美味カワハギをねらい撃ち！

大釣りのポテンシャル高い館山湾

千葉県の南部、南房総にある館山湾は、冬に良型カワハギが釣れることで知られる人気釣り場の1つ。この地をよく知る、くろしお丸の花輪雅一船長によれば、サンゴの北限にもなっている館山湾内には、東京湾の中でも指折りの海溝が走っており、その周囲は冬でも海水温が15℃以下にならないため、昔からカワハギの越冬場所になっているのだという。例年なら9月末頃から大釣りを楽しめるタイミングになるが、海溝に沿って東向きの「込み潮」が流れる時は特にカワハギの活性も高く、よい条件に恵まれるそうだ。

10月最終週のこの日は、季節外れの2連続台風が日本から離れ、ようやく海が落ち着きを取り戻し始めたタイミング。カワハギのサイズはまだ小さいものも多いとのことで、午前6時前に出船するや「カンカンなんて分かりやすいアタリが来ると思って待ってちゃダメだよ～。モヤ、ムズ、何かあったらこっちからどんどん聞いて合わせてください。合わせなきゃ掛からないからね」「ハリも小さくね～。この時期はまだ小、小々、それを釣っているうちに中、そ

「いつもスタートはトップなんです（笑）」という
高崎さんはこの日もスタートダッシュ

エサのアサリは集魚効果を大きく
高めたものを使う

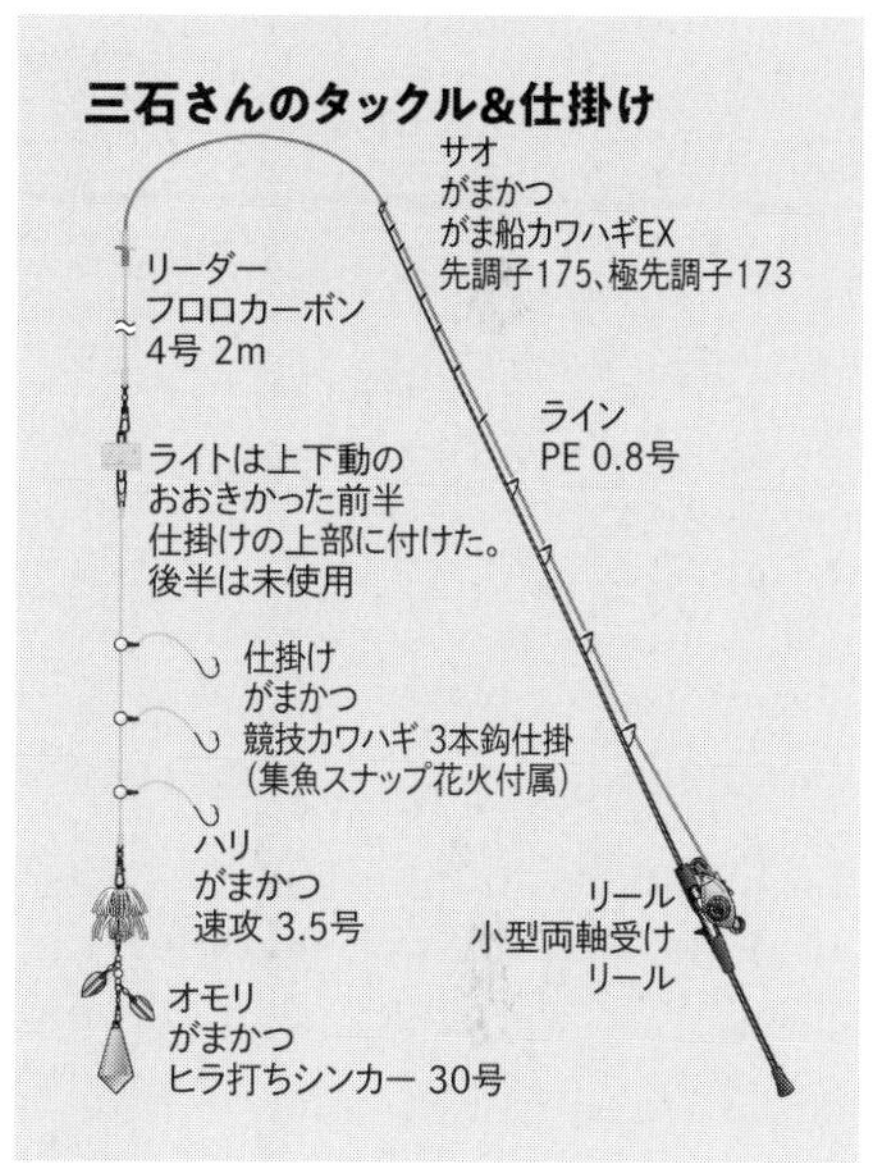

んな感じです。基本はベタ底。宙にこだわっていると釣れないから、ゼロテンもしくはタルマセでねらって～」と船長の元気なアナウンスが入る。花輪船長は乗船者がなるべくまんべんなく当たるようにこまめに船を流し替えてくれるなど、サービス精神が旺盛なことで有名だ。オモリは30号指定である。

周囲の状況を見て柔軟にアプローチ

この日の最初のポイントは、館山湾内の水深25m前後だ。朝方は曇り空で風波もあり肌寒かったが、予報によれば午前中のうちに晴れて風も弱くなる見込み。潮は台風の影響からか濁り気味だったが、仕掛けを下ろし始めるとポツポツとアタリが出始めた。

朝イチに好調なスタートを切ったのは三石さんの友人で、左舷の前から3番目に乗っていた高崎詠梨さん。「ゼロテンションからツンツンツンと穂先で小さく誘い、スーッと聞き上げるタイミングで掛かる時は乗って来ます！」とのこと。3連続ヒットもあって、幸先のよいスタートを切る。ハリは上のほうによく掛かるとのこと。

揺するように小さく誘い、直後に止めて待つと当たるパターンが連続した

昼近くになると絶好調で20連発
だった山下さん

すると高崎さんの左隣り、胴の間付近でサオをだしたもう一人の同行者である山下雄大さんも「ちょっと上にいる感じですね。上で見つけて下に追ってきて食っているかな」と小さなアタリを拾い始めた。

途中、船長からは「細かいのが混じる時はちょっと待たないと大きいのがこないけれど、待ち過ぎるとツンツルテン。加減を見極めてね〜」と追加アナウンス。船中の皆さんもエサが取られてカワハギの活性は悪くない感じだ。

左舷ミヨシでサオをだしていた三石さんは、朝方は波による船の揺れが大きく「仕掛けがなかなか落ち着かな〜い」とやや苦戦。それでもカワハギがやや浮いていると見て、仕掛け上部に大きめの集魚灯をセッ

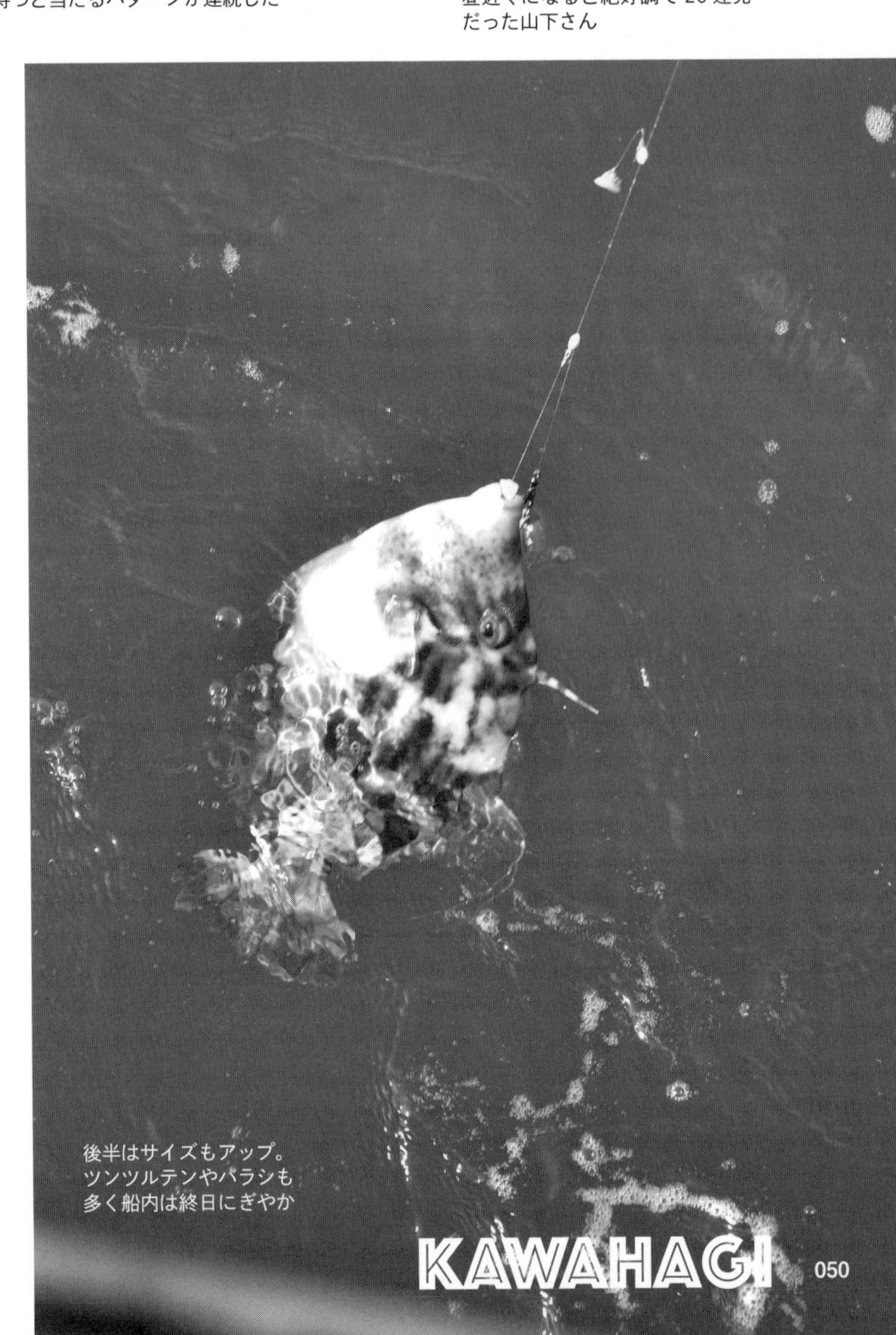

後半はサイズもアップ。
ツンツルテンやパラシも
多く船内は終日にぎやか

「揺れる〜！」と言いつつ着実に掛けて行く三石さん。仕掛けと穂先を落ち着かせてアタリを出す

トしたところで、すかさず2連発を見せた。「今の状況だとミヨシは船の上下動が大きいので、明滅によるカワハギを寄せる効果はもちろん、中オモリ的な効果も期待して集魚灯をセットしました。穂先に余分にウエイトを掛けて、ティップの戻りを遅くするのがねらいですね。そうしたらやっぱり上のハリに食ってきましたね」。宙ではないが底ベッタリでもない。自分の釣り座は他より大きく揺れる。船長のアドバイスは頭に入れつつ、状況を見て柔軟に対応してアタリを取った結果だった。

館山の町が近くに望める穏やかな釣り場

「乗ってくれた人全員に必ず釣らせたい」と常に目配りを欠かさない花輪船長。船上アナウンスも元気

エサのパワーアップで断トツ釣果

その後も船長が流しを変えるたびに船中では途切れない程度にアタリが続く。この日は中潮で干潮が午前7時36分、満潮が午後14時17分。10時を過ぎる頃からは潮もよく動きだしたようで、11時頃からは青空も

GUIDE

●問合先：館山つりセンター くろしお丸（☎0470・27・3807）
●乗合料金：氷付き8000円（ネット割引きで7500円）。エサはムキ身アサリ1袋1100円。レンタルタックルは無料だが数に限りがある（要確認）。出船6：00（要確認）、沖上がり12：30
●交通：館山道・富浦ICから約3分。館山船形港内に受付と乗船場

広がった。そしてこの時間帯も特に好調をキープしたのが山下さん。ハリはがまかつ「カワハギ速攻」の3・5号をメインに4号も使う三石さんと同じチョイス。幹イト3号でオモリ付きハリス止メを使った自作の3本バリ仕掛け（ハリ間は上から10-10-15㎝）もよかったようで、「底でオモリをバタバタさせて砂ボコリを上げ、オモリのきらめきも使って魚にアピールしたらエサで寄せるイメージです。カワハギが食ってきてサオ先に反応が出たら吸いこませるためにややテンションを抜くイメージで釣りました。後半はカワハギの活性もかなり上がったようで、宙でもよく食わせられましたね」と会心の笑み。

　そして三石さんと山下さんがやっぱり効果的と口をそろえたのが、この日も行なっていたアサリの加工だ。アサリは手剥きした小粒の生アサリをギュッと塩締めした良質の冷凍エサであるマルキュー「カワハギゲッチュ」を使ったが、これを「バクバクソルト」「アミノ酸α」「ウマミパワー（エビ）」の3つでしっかりと加工したものを一日をとおして使い、これが濁った潮の中でいち早くカワハギにアピールするのに非常に役立ったと思われた。

　終わってみれば三石さんが35尾。しかしこれを抜いて山下さんが船中で断トツのサオ頭となる56尾。「今日は山ちゃんに主役の座を持っていかれたわ～（笑）」と、仲間の好釣果を祝福する三石さんであった。

③

5秒ほどしっかり揉む

量は好みだがたっぷりと振りかけるのがおすすめ

さらに「ウマミパワー」で味付けする。三石さんは1パックに入っている小分けの4袋を全量使用

▶エビ、カキ、イソメの3種類がある「ウマミパワー」。この日はエビが効果的だった

カワハギの釣果を伸ばすこだわりのエサ加工

「カワハギゲッチュ」(右上)は手剥きした小粒の生アサリを塩締めした良質の冷凍エサ。エサ持ちもよく快適なカワハギ釣りをサポートする。三石さんはこれを加工して集魚効果をさらに高くしたのちに使用。詳しい手順は以下のとおり

アサリを洗うボウルとザルを用意

ボウルに「カワハギゲッチュ」を移し、まず「ヌル取り 5」をひたひたに注ぐ

ザルに移して「ヌル取り 5」を切ったら、船の海水で一度よくすすぐ

締めと食わせのW効果がある「バクバクソルト」を用意

指で「バクバクソルト」をよく揉みこむ

さらに強烈な旨みを加える

「アミノ酸α」は集魚に有効なフェロモン成分が含まれている。三石さんはこれを 2 本使用

しっかり揉みこめば完成

すぐに使う分をザルに残し、残りは空いたケースに入れておくとよい

使いやすく集魚力の高いエサで快適な釣りができる

MADAI

◉千葉県／外房大原出船／一つテンヤマダイ釣り（3月）

美味しい魚が次々ドン！一つテンヤで賑やか五目

スムーズな釣りは出船前の準備から

オモリと一体になったハリに、エサになるサルエビをセットし、底付近でシャクリながらマダイをねらう一つテンヤの釣り。タックルがライトで仕掛けや釣り方もシンプルなことから、マダイねらいの中でもすっかり人気の釣り方となった。

そんな一つテンヤのもうひとつの大きな特徴が、マダイに限らず、他の魚もいろいろ掛かることだ。ハナダイ、ハタ、カサゴ、オニカサゴ、ガンゾウビラメ、ホウボウなどは人気の外道。〝ゲンパ〟ことウマヅラハギは数が多いので掛かり始めるとちょっと厄介だが、水温の低い時期はお土産にしても悪くない。

最近は東京湾でも大潮や中潮など、潮がよく動くタイミング限定で一つテンヤの乗合船を実施する船宿が増えているが、外房では潮によらず通年ねらえる。数釣りなら秋、大ものねらいならゴールデンウイーク頃がねらいめだが、冬の低水温期が終わる春先も入門のチャンスだ。

3月、やって来たのはこの釣りの発祥地、千葉県いすみ市の大原。船宿への集合時間となっている午前4時30分、三石さんがここで一つテンヤを覚えたという富士丸にお邪魔した。釣り座を確認し受付を済ませたら、さっそく漁港へ移動し船に乗って準備を始める。

出船は5時。乗船したら

一つテンヤで釣れる多彩なターゲット。この日はマダイのほかに、ウマヅラハギ、マハタ、ハナダイ、オニカサゴがヒット

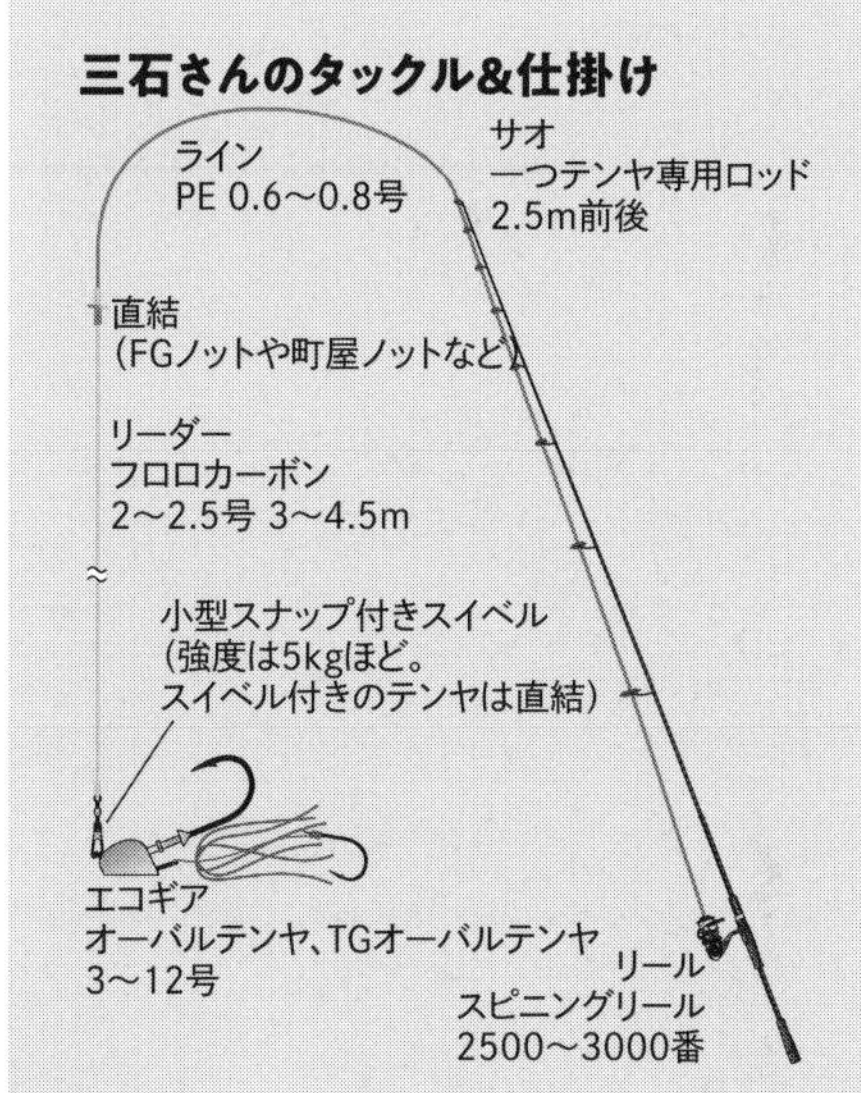

ガイドにリーダーを通しスナップまでセットしておく。テンヤまでセットしてもよいが、その時は「ベテランでもテンヤのハリをガイドリングに引っかけている人をよく見ます。ガイドに傷が付くと高切れの原因になるので絶対ダメですね。ガイドに掛けるならフット部分にしましょう」と三石さん。ポイントに到着するとエサの準備など他にもやることがあるので、ここまでは手早く終えておく。

テンヤの号数は水深の頭の数字×2または1・5が目安

テンヤは船長に使用号数を聞くのが一番だが、目安として覚えておくと便利なのは「水深の頭の数字（40ｍなら4）に、潮が速い時やビギナーなら2、慣れている人なら

1・5を掛けた号数」というもの。この日の最初のポイントは水深50mだったが、するとテンヤはビギナーなら10号、慣れていれば8号程度が目安とイメージすればいい。

そして三石さんが最重要と念を押すのが、ハリをエビの「ドまん中」に刺すこと。親バリはもちろん、サポート役の孫バリも頭部の中央に注意してまっすぐ刺すのが基本だ。その際、縦方向だけでなく、横方向に傾いていないかも要チェック。ハリがセンターからずれているとエビは回転してマダイが釣れない。「ここ、とっても大切です」と三石さん。

また、エビは冷凍されたものを各自が海水に浸して解凍してからテンヤに刺すが、その際に非常に効果的なのが添加剤だ。三石さんのおすすめは「エビシャキ!」。ピンク色の液体にエビを浸けると身が締まって崩れにくくなり、集魚効果もアップするので、釣りが各段に安定する。

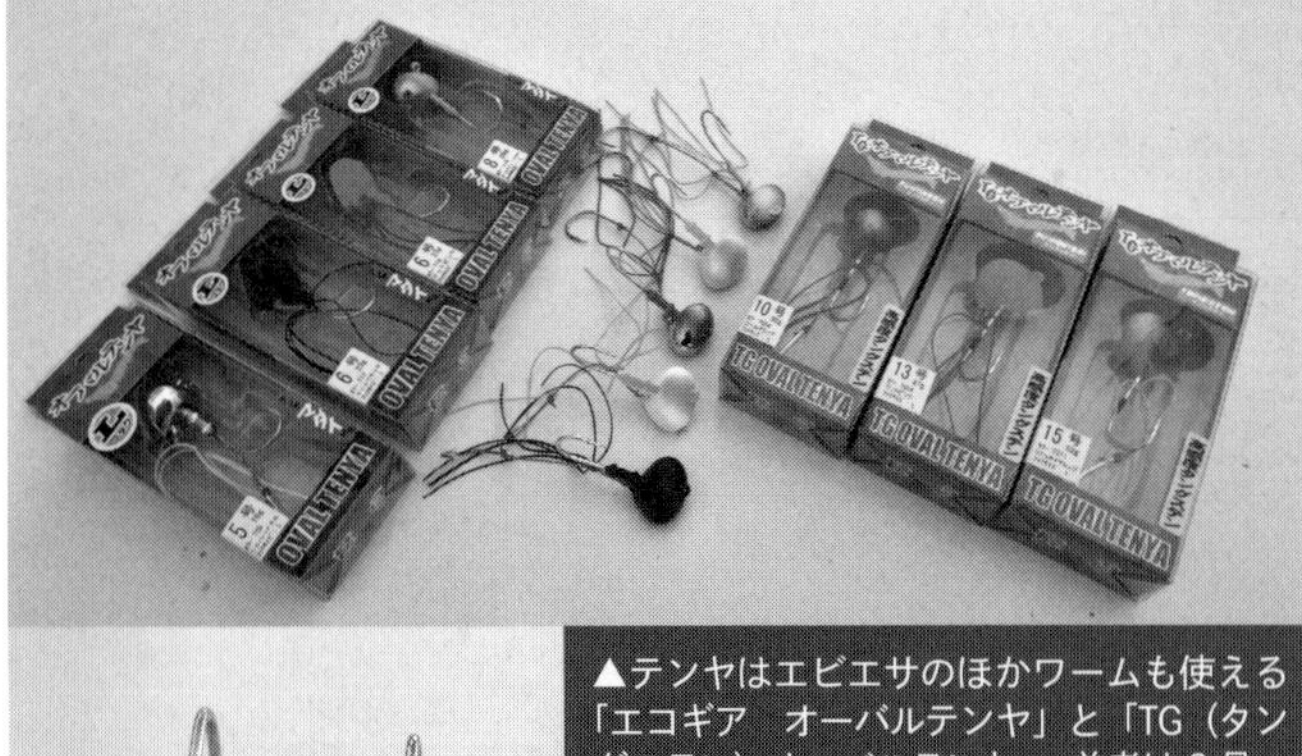

▲テンヤはエビエサのほかワームも使える「エコギア　オーバルテンヤ」と「TG（タングステン）オーバルテンヤ」。前者は3号・10ｇ～10号・36ｇ、後者は10号・35ｇ～15号・52ｇをラインナップ。カラーバリエーションも豊富だ。オーバル形状のヘッドはマダイに見切られるエビエサの横倒れを防ぎ、フリーフォール時は素早い沈下、テンションフォール時はスムーズなスライドアクションを演出する。なお、このテンヤに「エコギア　アクア　スイムフィッシュ　シュリンプ」をセットしたものは、大原沖で「イワシパターン」と呼ばれる、イワシの群れが入って来た時にマダイが荒食いする状況で非常に高い効果を発揮

安定度が高いフットボール型のヘッド

ボトムはフラットでハリを理想の角度にキープ

エビの付け方

①エビの尾羽根を根元の節を小さく残してハサミでカットする
尾羽根
カット
ここを少し残す（パイプ状になる）

②ハリを動かさず、エビを押すようにしてセンターにハリを通す
エビの大きさに合わせて1～2cm残しておく

③腹側へハリ先を抜き、エビをまっすぐにする
テンヤと切り口に隙間を開けない
ハリが中心から出るようにする

④頭の後ろ2番目の節から孫バリを刺し入れ、ハリ先を頭から抜いて完成（これもセンターに刺す）

ドラグ調整は入念に

ポイントに到着し、船長がパラシュートアンカーを下ろして水深をアナウンスしたら釣り開始。この日のポイントは勝浦沖や大原沖の水深40～60m。テンヤは少し沖に振り込み、底ダチを取ったあとは底付近でシャクリとフォールを繰り返すというのが

エサ持ちをよくするエビの処理

①
船で配られる冷凍エビの袋を開ける。船の移動中に作業を始めるとよい

②
袋を捨てずにバケツに汲んだ海水に浸す

③
エビが解けたら袋をずらして海水を捨て、「エビシャキ！」をひたひたに入れる

④
しばらく待ったら袋を戻し、船べりの外でエビシャキを捨てる

⑤
最後に「アミノ酸α」を一袋振りかけざっくり混ぜれば準備OK

エサのエビは船上で配られるが、事前に身を締めて色落ちも防ぐ加工をしておくと、使いやすさが格段にアップする（左がそのまま、右が加工したエビ）

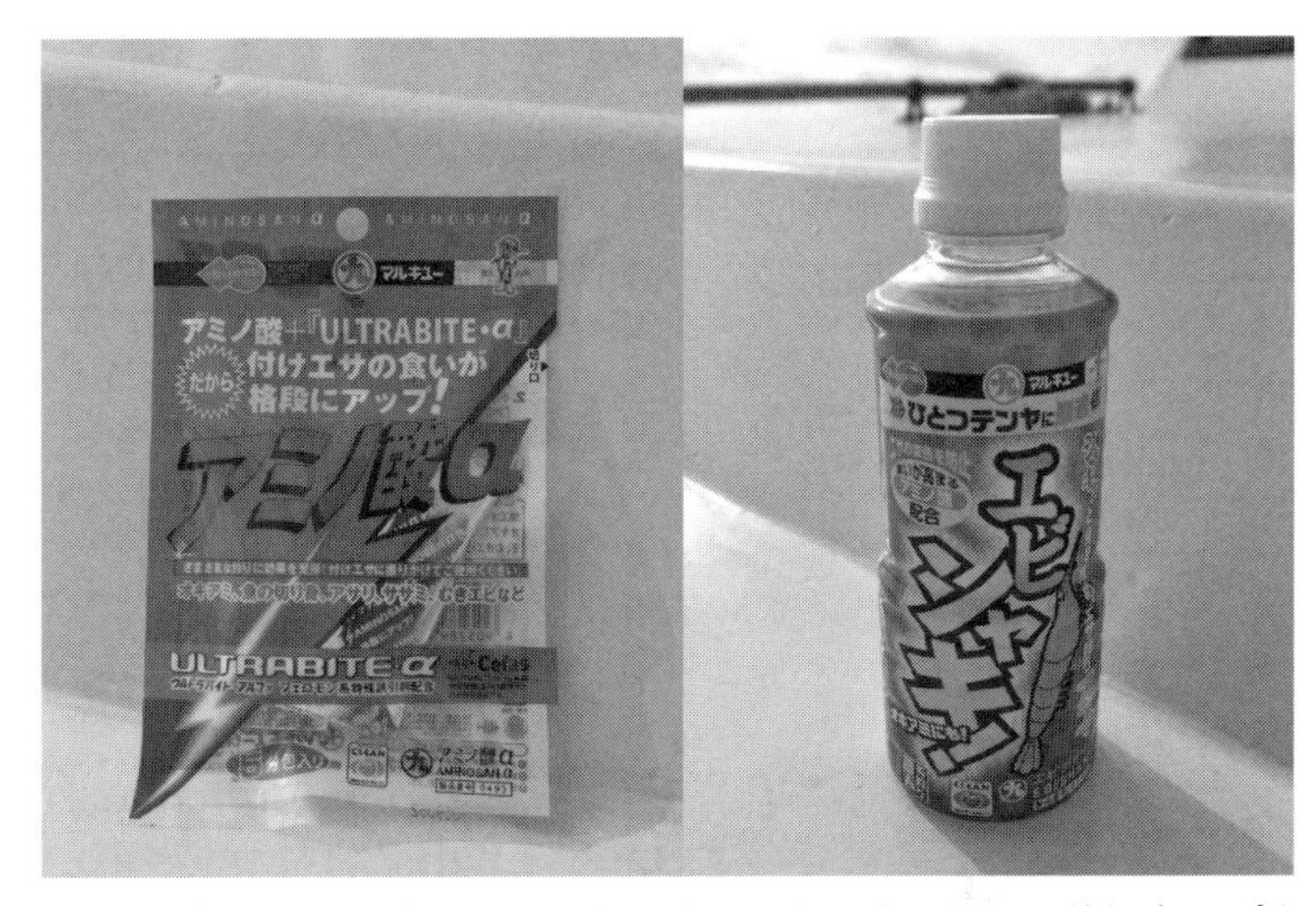

三石さんが使用したのが、浸けこむだけで有頭エビやオキアミのエサ持ちがアップする「マルキュー　エビシャキ！」。エサの変色抑制に加えて集魚効果もあるすぐれものだ。さらに魚の好むアミノ酸に魚類のフェロモン成分も配合した粉末状の「アミノ酸α」を加え、さらなる集魚効果を持たせた

基本になる。

「着底が分からなかったら無理せずテンヤを重くしましょう。この釣りは底ダチが取れないと始まりません。テンヤの重さを感じられるように、一定の張りがある軟らかすぎないロッドを選ぶのも大切ですね」。この日は「がまかつ　ひとつテンヤ真鯛ⅡMH-250（2・5ｍ）」を使用。ミチイトのPEは0・6号だ。「そして大切なのがリールのドラグ調整です。一つテンヤは1kgが基本。ペットボトルに1ℓの水を入れてぶら下げ、ロッドを軽く振った時に〝ジリッ、ジリッ〟とイトが出る強さですね」。これはラインを持ち、グッと力を入れれば割と簡単にイトが出る強さ。一つテンヤのPEは細いのでこのドラグ調整がとても大切になる。

テンションフォールはサオ先を目より高い位置に構えて行なう

坂下隆一船長の言葉を借りれば、「青ものやサメは意外に切れない。でも大ダイは最初のアタリで〝プツン〟と簡単にイトが飛ぶ。それだけマダイは力がある。やり取りの途中もけっして追加で締め込んだりしないこと。最後に魚を上げるなど、イトを出したくない時はスプールを手で押さえて対処してください」

この日の海はゲンパやカサゴなど他の魚たちが元気なものの、マダイはなかなかアタリが出ないというシーズンの走りのコンディション。そんな中でも三石さんはゲンパをねらいすぎないよう、着底したらすばやくテンヤを跳ね上げつつ、穂先を注視しながら丹念にシャクリとフォールを続けた。するとモゾモゾと穂先を揺らしてくるゲンパのアタリとは違う反応。迷わずビシッと合わせたところで、「これはマダイっぽい！　大きくはないけれどね（笑）」と言いながらもサオがガクガクッと引きこまれる。

空アワセでもよいから積極的に。慣れてきたらカーブフォールも織り交ぜる

「一つテンヤは疑わしきは合わせる釣りです。向こうアワセはありません」と三石さん。坂下船長も「穂先をしっかり見続けるのが基本ですが、動かさずにじーっと穂先を見てしまうのも一番釣れません。空アワセでもいいから、何かあったらと思ったら合わせてください。空アワセが誘いにもなります」とのアドバイス。

「この釣りで私が多用するのがカーブフォールです。この釣りはキャスト後のカーブフォールが非常によく利きます。最初は難しいかもしれませんが、慣れてきたら少し遠めにキャストしてイトを送り、PEの色を見て水深分のイトが出たらベールを返してイト送りをストップ。そのまま穂先をやや高い位置に上げてラインを張りながらテンヤを落とし込んで行きます。その後はフォールのアタリに集中！　これができると、テンヤでマダイが釣れるテンポがかなり上がりますよ」

マダイは元々、1日に1尾釣れればオンの字という魚。一つテンヤの登場で、数釣りを経験できるチャンスもたしかに増えた

マダイがヒット！　リールは1kgのドラグでひたすら一定に巻く

基本の釣り方

①仕掛けを落下させ着底を取る（底ダチを取る）

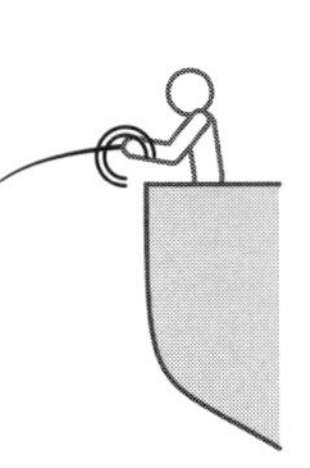

②着底したら素早くリールを巻いてイトフケを取り、テンヤを少し底から切る。この時に当たる確率が一番高い

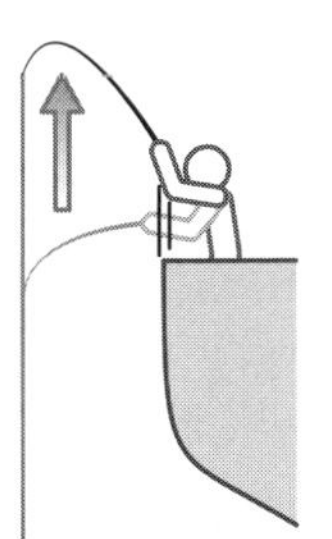

③アタリがない時は頭上までシャクリ上げ……

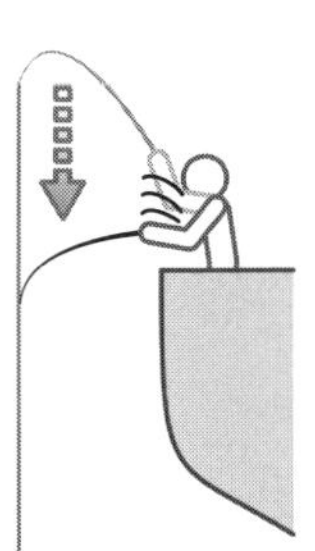

④潮の流れに乗せるようにしてゆっくり落とし込む。落とし込んでいく途中にアタリらしい何らかのシグナルがあったら即アワセ

カツッとかガクッなどと当たる

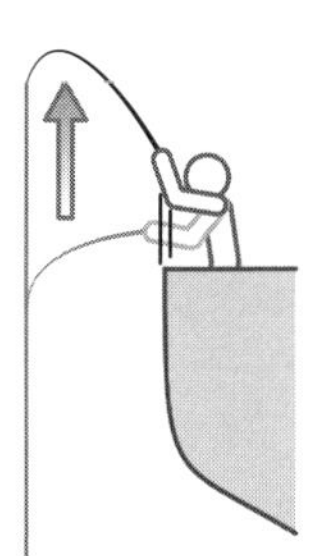

⑤落とし込んだテンヤにアタリがなければ、一呼吸待って再びシャクリ上げる

が、根本は繊細で経験も必要な釣りだ。

　まずはしっかりとしたエビの付け方、使いやすいテンヤでの底ダチ取り、そして積極的なアワセ。この３つを意識して、人気の釣りものにぜひチャレンジしてほしい。

●問合先：富士丸（☎0470・62・2016）
●乗合料金：1万2000円（氷・エサ付き。お替わり自由）。午前船（4：30集合）と午後船（11：00集合）があるが、時間は季節による変動もあるので詳しくは船宿まで
●交通：東京湾アクアラインを渡り圏央道・市原鶴舞IC下車。R297を右折して勝浦方面に向かい、船子交差点を左折してR465でいすみ方面へ。大原の交差点を右折し、大原漁港入口を港方向に入りしばらく行くと富士丸受付

三石さんが「りゅうちゃん」と呼んで腕前を信頼する坂下隆一船長はマダイ一筋30年

カサゴの仲間もよく当たる。これはアヤメカサゴ

型のいいホウボウも釣れるとうれしいゲストだ

東京から来ていた金田さんは渋い中で「久々のうれしい本命アタリです！」

◎神奈川県／三浦半島新安浦出船／ビシアジ釣り（5月）

船釣りのイロハがぎっしり。だから差が出るビシアジで大漁！

釣り場は港から10分ほどの横須賀猿島沖。そこに金色美味アジが泳いでいる

手ぶらでもOK 基本を身に付ければどこでもアジが釣れる

オモリと一体になった鉄製のカゴ（ビシカゴ）にイワシのミンチを詰め、海中で振ってアジを寄せたら、2～3本バリの仕掛けに付けた食わせエサにヒットさせるビシアジ釣り。

近年は仕掛け全体をライトにした「ライトアジ（LTアジ）」も人気だが、今回乗船

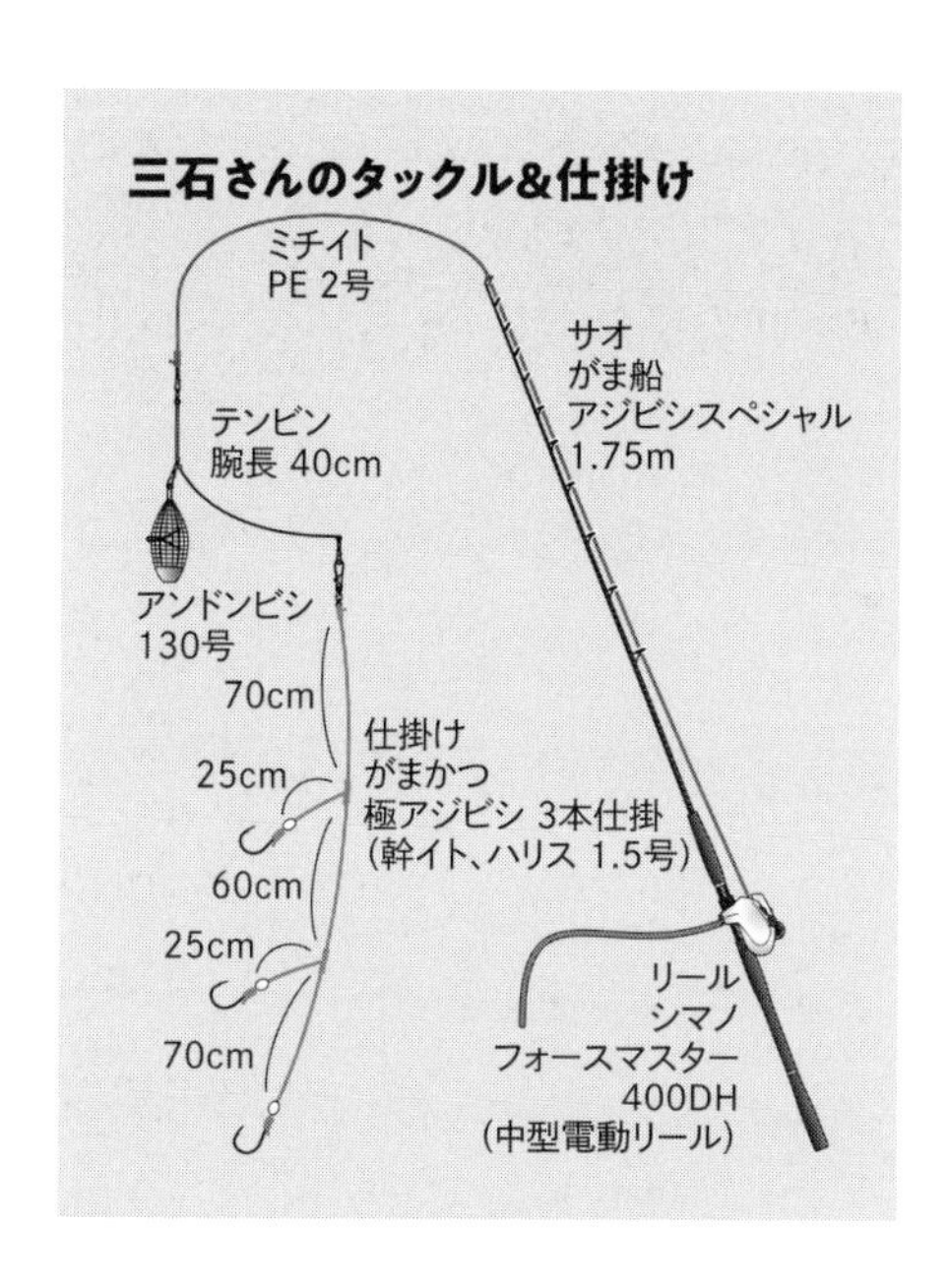

ビシカゴの取り扱いに慣れれば釣り自体はシンプルで決して難しくない

した横須賀新安浦港のこうゆう丸では、年間を通じて130号のビシカゴを使った昔ながらのビシアジ釣りに出船している。「ライトのほうが簡単そう、と思う人もいるかもしれませんが、置きザオでじっくりねらうノーマルなビシアジ釣りの面白さもぜひ体験してほしい」と三石さん。ちなみにノーマルなビシアジ釣りで基本を覚えてしまえば、サオは手持ちのライトアジもすぐに対応できる。また、東京湾の走水が名物の大アジ釣りもタックルは通常のビシアジ釣り用だ。

初夏の陽気に恵まれた5月上旬、出船は7時。この日は電動タックルを使用。こうゆう丸では電動タックルから長靴・サロペットまで、釣りに必要な道具はすべてレンタルできる。釣ったアジを持ち帰るための発泡クーラーだけ用意してくれれば、文字通り手ぶらで釣りができる。

スムーズな手返しは釣り座のセットから

ビシアジ釣りでは、乗船して釣り座に着くと、各自に鉄枠とイワシミンチの入った大型のバケツが配られる。鉄枠はバケツを船べりにセットするためのものだ。船の出港時はまず鉄枠を船の内側に向けた状態にしてそこにバケツを入れておき、その後、出船して船がポイントに到着したら鉄枠（と中のバケツ）を船の外側に向けて取り付ける。

サオはビシアジ釣り用、リールは小型電動を使う。あとはテンビンにセットしたビシカゴと仕掛けが基本アイテム

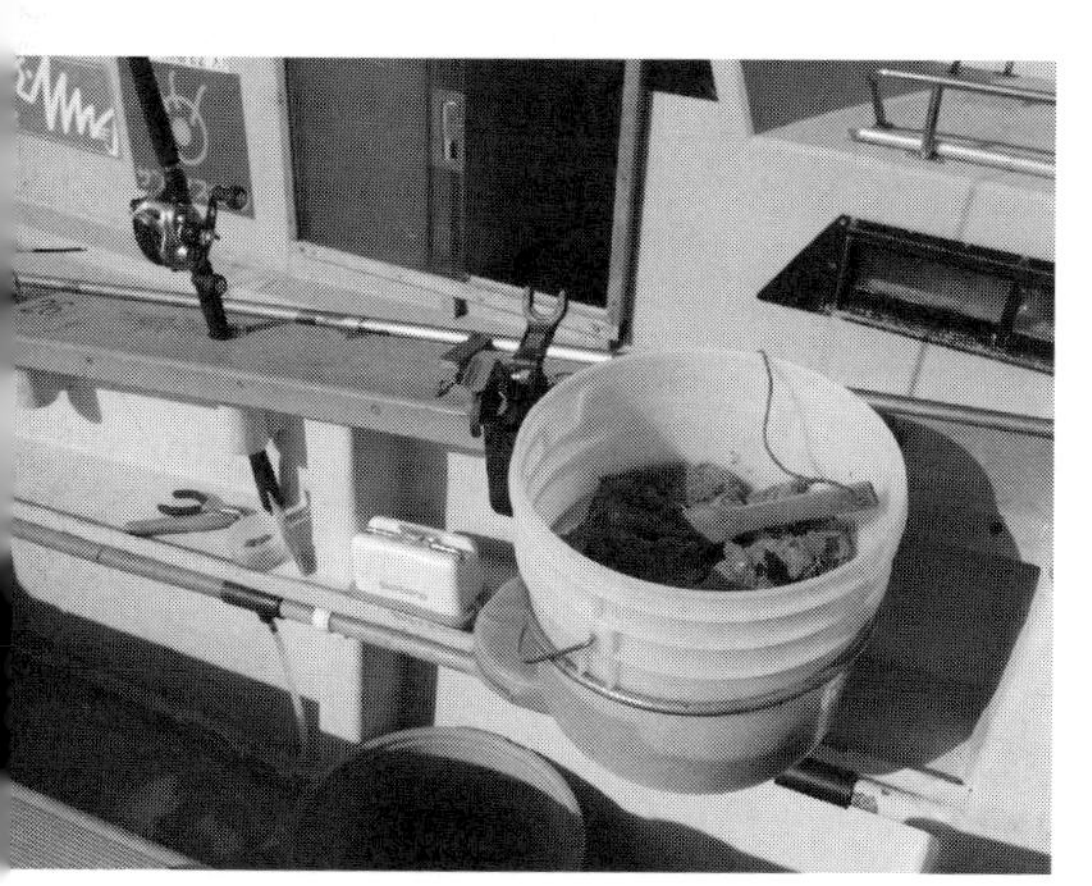

出船前に釣り座をセットした状態。船で配られる寄せエサのイワシミンチは、はじめはリングを手前に向けた状態でセットしておく

サオの先にはテンビンをセットし、テンビンの下部にはビシカゴ、テンビンのアームの先にはビシアジ釣り用の市販仕掛け(2~3本バリで全長2mほどの吹き流し仕掛け)をセット。ビシカゴにはイワシミンチを詰め、2~3本バリにはそれぞれに食わせエサ(付けエサ)を取り付ける。

「一連の作業をスムーズにやるには、バケツは基本的にサオの風下側に配置するといいですね。そのほうが仕掛けやミチイトがサオに絡みません。ただ、リールを巻く利き手がどちらかにもよるので、柔軟に対応してください。いずれにしてもバケツとサオは離しすぎないように近くに置きます」と三石さん。

ビシカゴは海中に投入している時以外、常にバケツの中に入れておくのが基本。こうすることで他の作業をしている時に仕掛けが暴れなくなる。

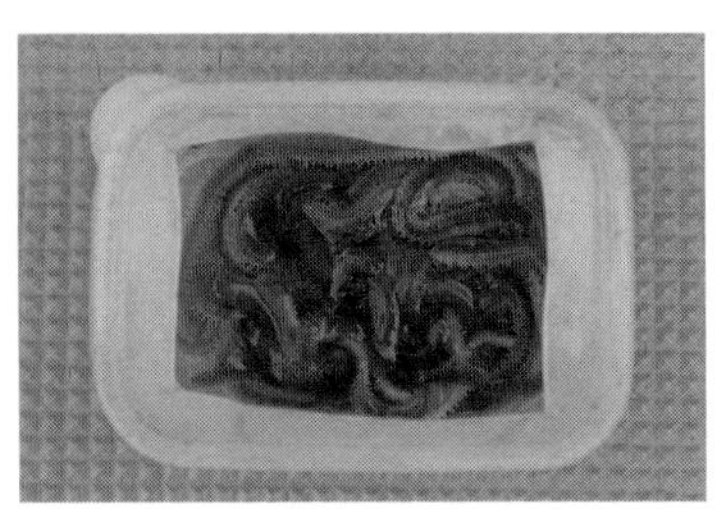

アオイソメもビシアジ釣りの一般的な付けエサだ

寄せエサのイワシミンチは、匂いが強いので付属のヘラで扱う

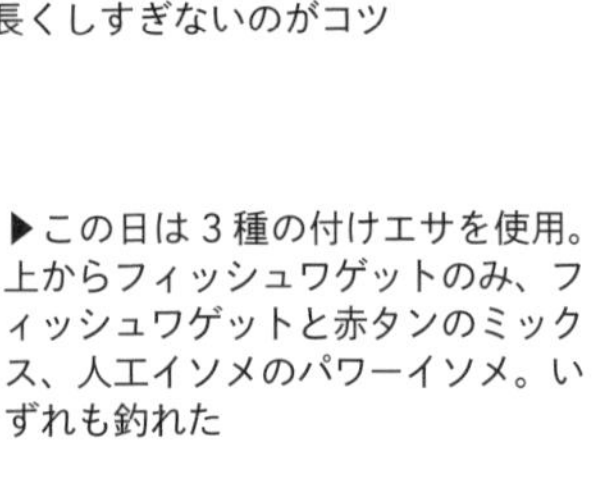

アオイソメの場合は頭(口)の硬い所からハリ先を刺し入れ、軸に通したら1㎝ほどのタラシを残して余分をカットする。長くしすぎないのがコツ

こうゆう丸の付けエサは赤タン

▶この日は3種の付けエサを使用。上からフィッシュワゲットのみ、フィッシュワゲットと赤タンのミックス、人工エイソメのパワーイソメ。いずれも釣れた

アジが寄るまでは多めに寄せエサを撒き、寄ったあとはパラパラに

ポイントに着いたら仕掛けを船の上に絡まないように伸ばして、それぞれのハリにエサを付ける。その後、付属のヘラでビシカゴにイワシミンチを詰めたらしっかり留め金を押し込んでフタをし、仕掛け、テンビンに取り付けたビシカゴの順で足もとに投入する。

「この時、ラインのバックラッシュを予防するために、リールのメカニカルブレーキは普段よりも気持ち強めにしてください」と三石さん。置きザオで重めのビシを使うノーマルのビシアジ釣りではここが最初のポイントだ。その後、ビシカゴが着底したあとは「アジ釣りでは基本的に海底から2~3mのタナをねらいます。そこで基本は着底して底ダチを取ったらリールのハンドルを2回転して、サオを手で持って〝クンクン〟とあおるように最初の誘い。あとは船長の指示ダナにもよりますが、同じ誘いをもう2回やってようすを見ましょう」「この

釣りはアジが寄せエサに集まってからがスタート。そこでアタリが出るまでは1セットやって反応がなければ早めに寄せエサを詰め直して再投入。すでにアジが寄っている状態なら、もう一回くらいはそのまま仕掛けを落として釣り直してもいいですね」

人工エサなら誰でも簡単 スピーディーにエサ付け

3本バリに付ける食わせエサは「赤タン」と呼ばれるイカの身を食紅で染めてサイコロ状にカットしたものやアオイソメが一般的。こうゆう丸では赤タンが配られる。アオイソメは硬い頭（口）からハリを入れ、1㎝ほどタラシを出して余りをカットして使うと、途中でエサ交換をせずに数回繰り返し使うことができる。ただし、繰り返し使ううちに体液が抜けてしまったら、新しいものに交換する。タラシは長すぎるとアジの食い込みが浅くなり、バラシの原因になるので短めにするのがコツだ。

そしてこの日は、船宿のエサのほかに、タックルボックスに常温でキープでき、手も汚れにくいマルキユーの「フィッシュワゲット」と「パワーイソメ」も使ってみた。「練りエサを加工したフィッシュワゲットは、粒のまん中に穴が空いて、そこにハリを通すだけ。パワーイソメはアオイソメとまったく同じ使い方でOKだ。「本物のように暴れて噛みつかないので、生きたエサが苦手な人も使いやすいですよ（笑）」と三石さん。この日は3本のハリにいろいろな付けエサを組み合わせて試してみたのだが、その言葉どおり、フィッシュワゲット、パワーイソメ、どちらも本物のエサにそん色なくアタリが出た！

▲ポイントに着いたらまずバケツを船の外に出す。その後、仕掛けをテンビンにセットしてハリに付けエサをセットしたら（絡まないように仕掛けは船べりの上で伸ばしておく）、ビシカゴに寄せエサを詰めて釣りスタート

◀ビシカゴは最後に留め具をしっかり押し込んでフタが開かないようにするのを忘れずに

巻き上げスピードは細かに調整

釣り場の水深は約40m。横須賀の街並みや猿島も近くに見える。ナギもよく絶好の

サオを振って寄せエサを撒く時は大きすぎないアクションを心掛ける

美味しいアジが海面に浮かぶと思わず笑みがこぼれるはず

海面にアジが見えたら、低い位置からアジを船べりにぶつけないようにして一気に船内に抜き上げる

掛かったアジの取り込みはまずビシカゴをバケツに入れ、続けて仕掛けをたぐり……

釣り日和だ。三石さんは、開始直後から順調にアタリを得ていく。その中でも、途中でこまめに調整を行なっていたのは電動リールの巻き上げ速度だった。

「今日は電動リールの表示で「12」でしばらく釣りをしていたんですけれど、途中でバラシが続いたので、一段階スピードを落として「11」にしてみました。逆に巻き上げの途中でバラシがなくても、アジが暴れて仕掛けが絡むことが続くようなら巻き上げスピードを上げる時もあります。ビシアジ釣りでバラシを減らし、順調に釣果を重ねるにはこのこまめな調整が欠かせません。アジは口が軟らかいので、海流がちょっと変化したりすると、口切れが起きたりするんですね。〝リールの巻き上げ速度は常にベストなものに〟というのは意識してほしいポイントです」

オーバーアクションの誘いはダメ！当たったタナはイト色を必ず確認

「あとは寄せエサを振りだす誘いで、オーバーアクションにならないように気をつけ

猿島沖のアジは引きも小気味よい

ビシアジ釣りの基本操作

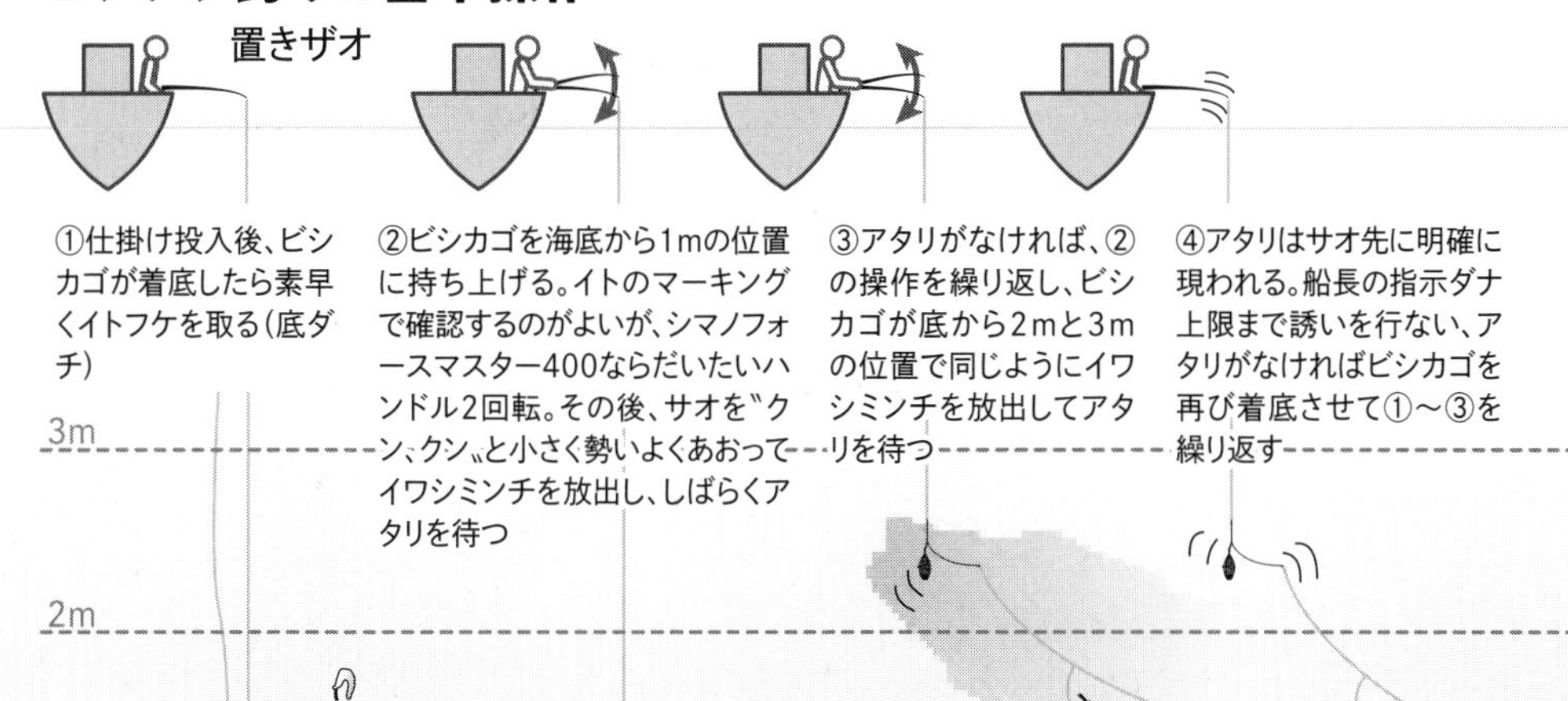

ましょう。誘いは置きザオの状態からグリップを持って、スナップを利かせながら〝ビシッ、ビシッ〟と2回ほど鋭くビシカゴを動かせば充分です。ここでオーバーアクションしてしまうと、海中で仕掛けが暴れて手前マツリを起こす原因になりますし、また、寄せエサが出過ぎることで寄って来たアジに付けエサを食わせるのが難しくなります」。のんびり置きザオの釣り……ではあるのだが、押さえるべきポイントはしっかりあるのだ。

「アタリがあったら欲張らずに、軽くサオを持ち上げる程度のアワセを入れて、そのまま電動リールの巻き上げボタンを押してください。そして大切なのが、アタリが出た時のイトの色も必ず覚えておくこと。次も同じイト色の水深で同じ誘い方をすれば、ほぼ間違いなく連続してアタリが来ます」

オールシーズン楽しめ、船釣りの入門メニューとしてもうってつけのビシアジ釣り。刺し身、フライ、干物、空揚げと何にしても抜群に美味しいアジにぜひ挑戦してみてほしい。

GUIDE

●問合先：こうゆう丸（☎ 046・823・1860）
●乗合料金：午前船・午後船ともに 6000 円。一日通しで乗る場合は 8700 円。エサ付き。また小学生、中学生、女性は 4000 円。氷は 100 円。「ビシ、テンビン、電動リール、ロッドキーパー」のセットは 1500 円。レインウエア、ブーツの貸し出しは有料
●交通：横浜横須賀道路・横須賀 IC を降り、本町・山中有料道路を経由して R16 を横須賀方面へ進む。本町一丁目信号の先の Y 地路（横須賀海岸道路）を左方向「うみかぜ公園・平成」方面へ進み、横須賀魚市場前の信号を左折すると新安浦港のこうゆう丸（港内最奥）

一年を通じて金アジ釣りが楽しめるこうゆう丸。船宿は和気あいあいの雰囲気。右手前がアジ船担当の荻野勝美船長

ISHIMOCHI

◉神奈川県／横浜金沢八景出船／イシモチ釣り（4月）

「船釣りをとりあえずやってみたいと思う人にも、イシモチ釣りはかなりオススメで〜す」と三石さん

のんびり派もメチャ釣り派も満足イシモチ釣りって「グ〜！」

オモリで底を叩ければOK 春は数釣りの好機

「イシモチ釣りは道具を選びません。スピニングでもベイトでも、ムーチングロッドでも、多少軟らかいサオであれば何だって使えます」

4月上旬、横浜市金沢八景の鴨下丸にやって来た三石さんが用意していたのは、手巻きと電動の2本ザオ。この日は三石さんのほか、女性限定の釣りサークル「TLC」のメンバー3名が合流した。会長の金子マミさんと吉田まこさん、星野靖枝さんでそれぞれ旬の船釣りを楽しんでいる。TLCの会員は約60名。幅広い世代の女性釣りファンが所属し、発会10年以上を数える。

イシモチはスズキ目・ニベ科の魚で標準

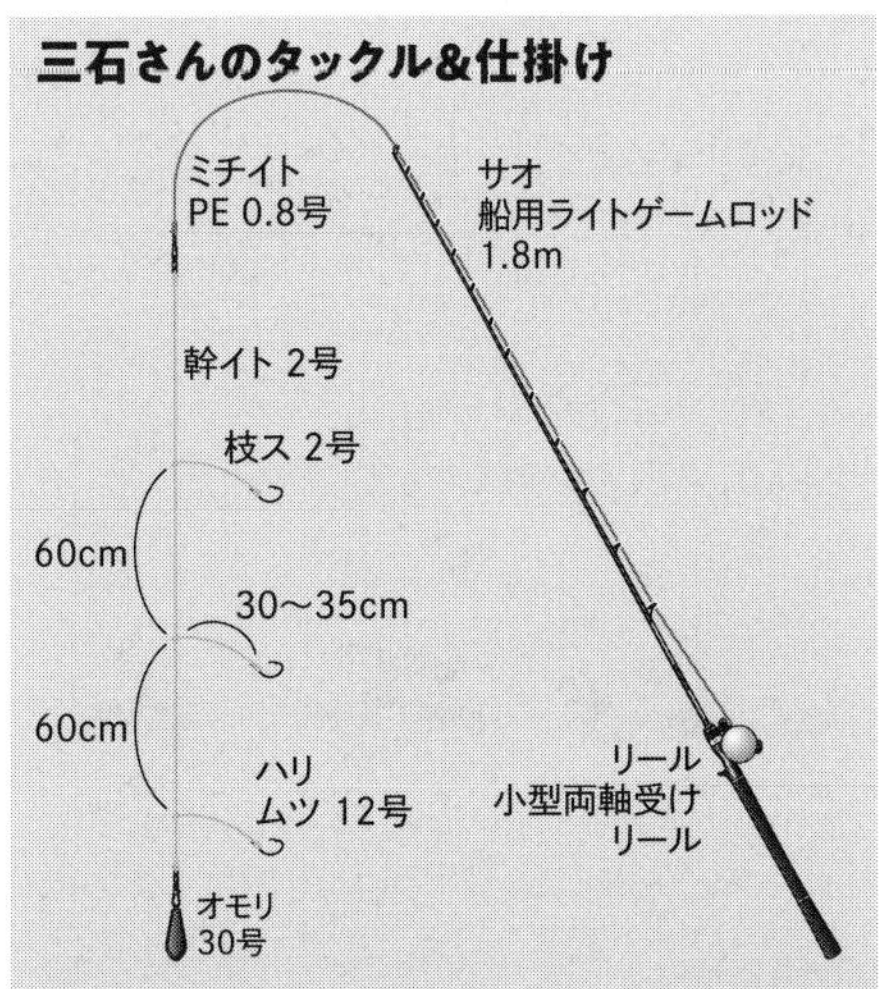

「癒されますね～」と良型をゲットした金子さん

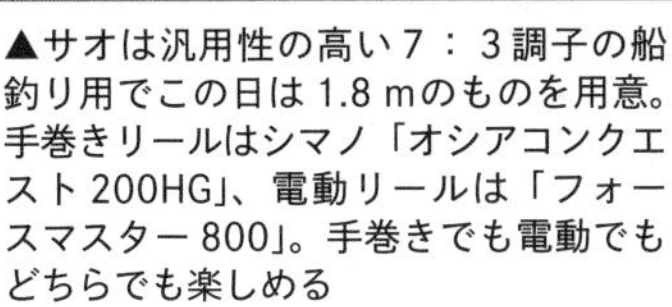

▲サオは汎用性の高い7：3調子の船釣り用でこの日は1.8ｍのものを用意。手巻きリールはシマノ「オシアコンクエスト200HG」、電動リールは「フォースマスター800」。手巻きでも電動でもどちらでも楽しめる

▶吉田さんはトリプルヒットを達成！

◀船宿オリジナルのイシモチ仕掛け。向こうアワセのこの釣りではムツバリのようなネムリ型のハリが好適だ

和名はシログチ。耳石が大きいことから「石持」と呼ばれ、和名のシログチは「グーグー」と鳴くことに由来する。腹壁を動かしウキブクロが振動して出るこの音が、まるで愚痴を言っているように聞こえるためその名が付いた。余談だが無愛想なこと、愛嬌のないことを意味する「にべもない態度」という表現がある。これもニベ科の魚が語源である。イシモチ（ニベ科）のウキブクロはその昔、粘着力の強いニベニカワという接着剤の原料だった。この粘着力の強さから「にべ」は他人との親密関係を意味し「取り付きようのないこと」、「愛嬌のないこと」を「にべもない」と言うようになった。

さて、沖で釣れるイシモチのアベレージは20～30cm。まれに40cmクラスも掛かる。水深20～70ｍの砂泥底に生息し周年釣れるが、水温が高まるゴールデンウイークくらいまでが数釣りの好機。

「水が温むと群れが浅場に散りますから、1ヵ所では釣れにくくなります。釣り方はオモリが底をトントンと叩くくらいのタナをキープするだ

基本は底トントンでイソメを躍らせ、時にタタキ誘い上げて落とすアクションも効果的だ。多点掛けをねらう駆け引きもまたイシモチ釣りの面白さ

◀カマスやアジが定番のゲストである

良型のダブルヒットでニッコリ顔の星野さん

け。アタリが出ても充分に待って向こうアワセでOKです」

　とは鴨下丸の高山将彦船長だ。多くの船宿が軒を連ねイシモチ乗合の看板を掲げる金沢港にあって、懇切丁寧なスタッフが切り盛りするのが鴨下丸。7時30分の出船である。

多点掛けには誘い下げ

　イシモチ釣りの仕掛けはドウヅキ3本バリ。鴨下丸では専用仕掛けを販売している。幹イト2号に枝ス2号を30㎝と長めに

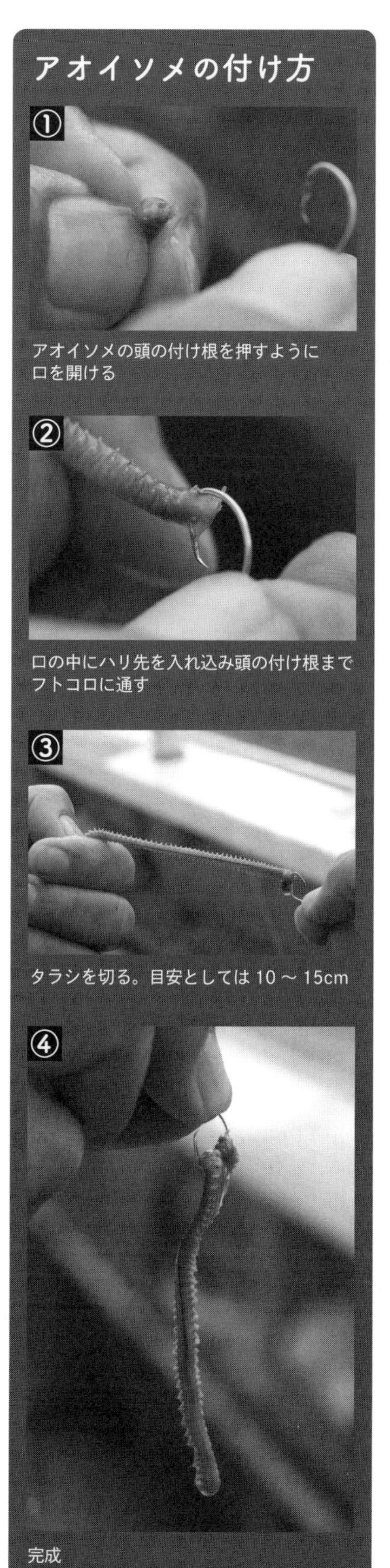

アオイソメの付け方

①
アオイソメの頭の付け根を押すように口を開ける

②
口の中にハリ先を入れ込み頭の付け根までフトコロに通す

③
タラシを切る。目安としては10～15cm

④
完成

春の柔らかな日差しを浴びてイシモチが浮上

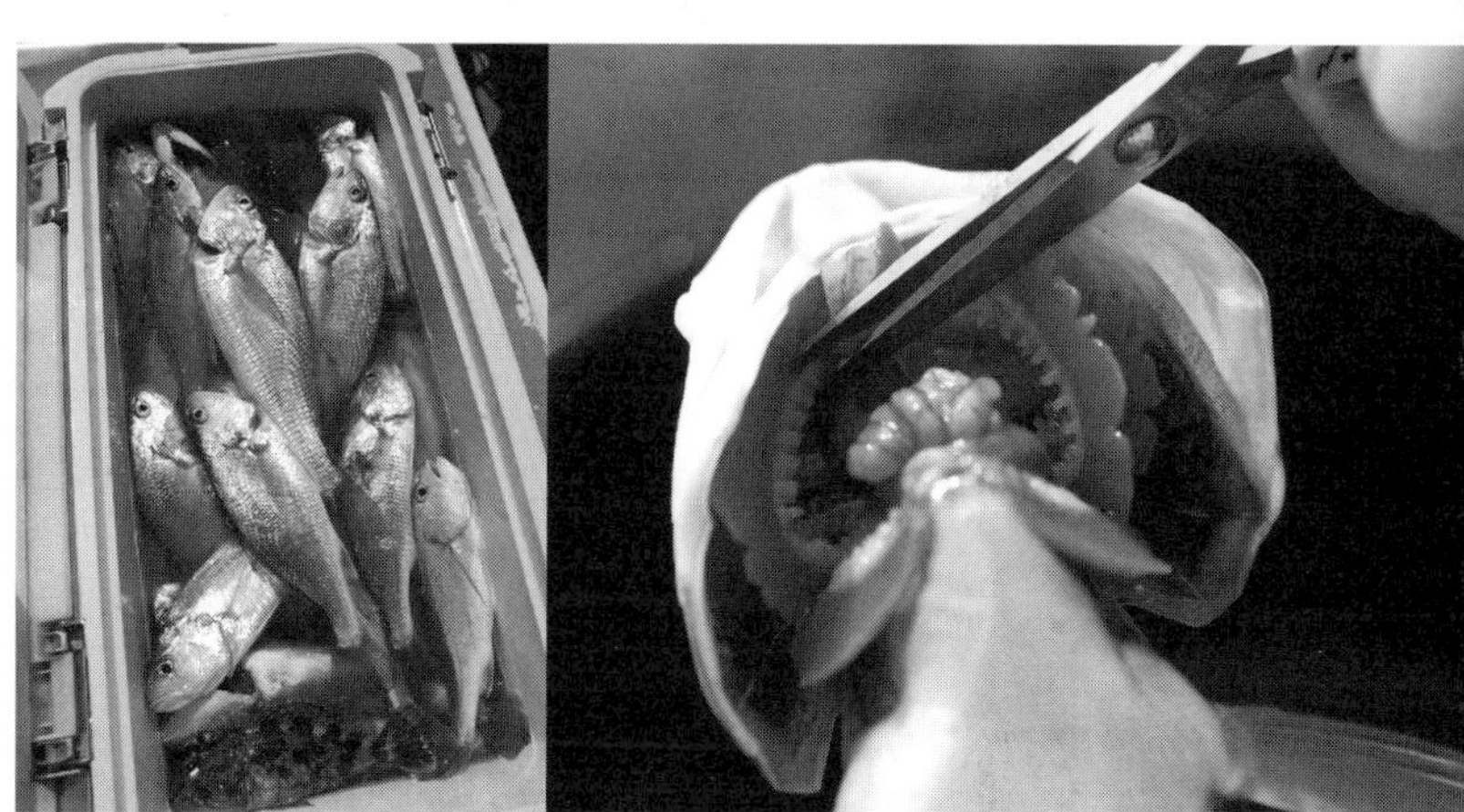

イシモチは血抜きしたほうが断然美味しい。やり方は簡単でエラの付け根をハサミでカットするだけ。深く刃先を突っ込んでカットするのがミソ。その後、潮氷を入れたクーラーに早めに移す

取る。ハリはネムリが特徴のムツバリ。オモリは30号。エサはアオイソメで付け方は口にハリ先を入れてチョン掛け。タラシは長め、アピール度を高め、ゆらゆらとアオイソメを漂わせる。

　水深は30m。仕掛けを下ろして間もなく「きたあ！」と金子さんがいきなりのヒット。続けざま船中各所でガンガンと穂先を引き込む明確なアタリが出る。三石さん、星野さん、吉田さんも多点掛け。いとも簡単に連発である。

「追い食いを誘うなら、聞き上げちゃダメね。むしろ穂先を下げて送り込む感じのほうがいいです。多点掛けの駆け引きは結構ハマります」

　そうして三石さんはイシモチ2尾とシロギスの3点掛けを達成するが、全部が成功

イシモチ釣りの攻略イメージ

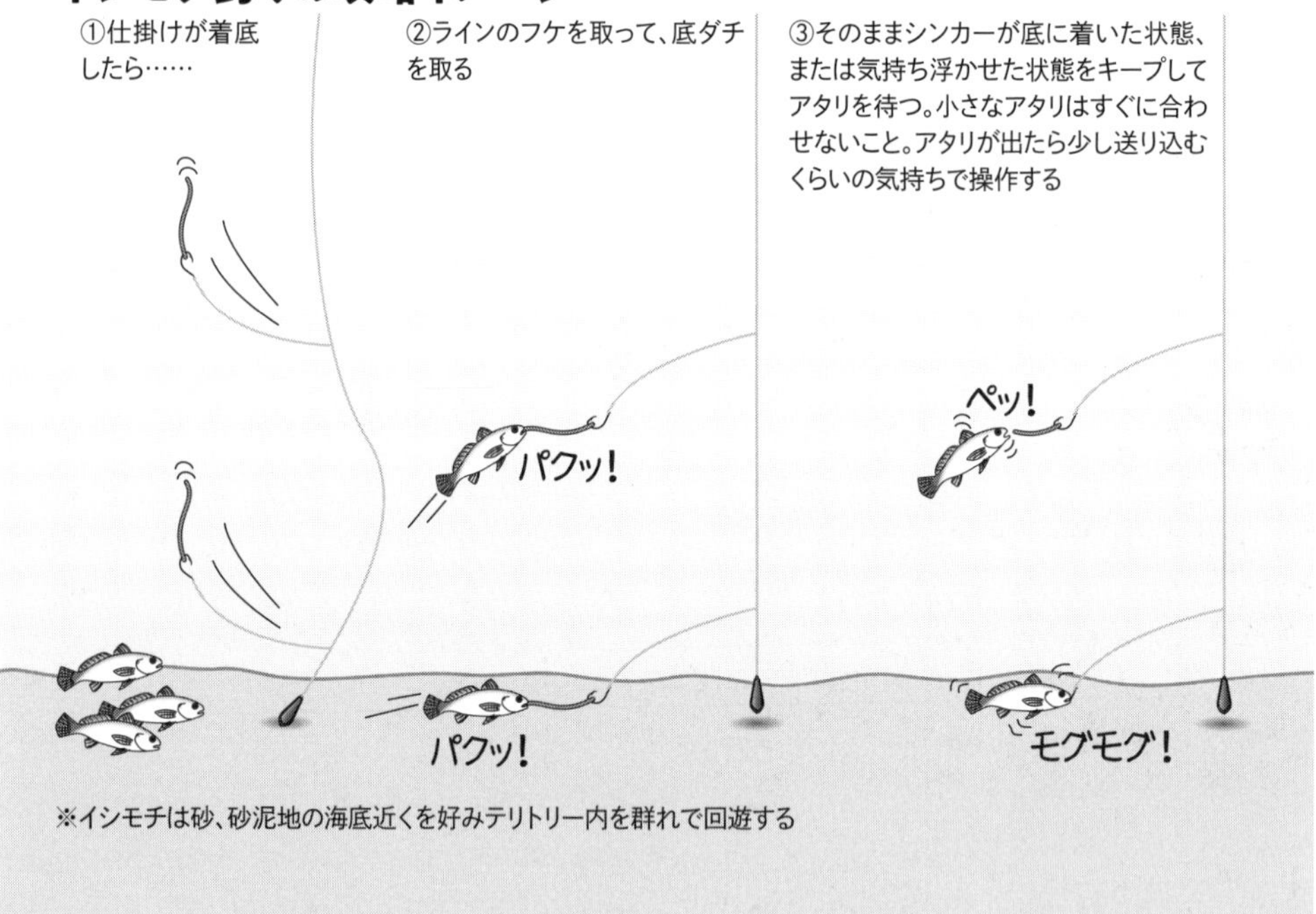

するわけではなく「あ〜外れた！」と言って悔しがる場面も目立つ。

「簡単だけど奥も深い。数を本気でねらう人とそうでない人で釣果に大きな差が出ます。多点掛けをねらって真剣に数を釣ってもいいし、置きザオでのんびりと釣るのもいい。楽しみ方はアナタしだいという釣りです」

イシモチは口が大きくイソメを一気に吸い込みそうだが、実際はついばむようにして食べる。このため早アワセは禁物だ。穂持ちまで引き込むハッキリとしたアタリが出たところで合わせる。多点掛けをねらうなら1尾がしっかりとフッキングしたところでしばし待ち、さらにアタリが出たところで穂先を送り、追加の引き込みを感じた時にサオをリフトするかリーリングに移る。手返しを速めるならリールを置きザオで巻くのもよい。注意点は放置しすぎるとサメが食ってしまうこと。またせっかくフッキングしても外れてしまうこともある。追い食いを誘う間合いはほどほどがよい。同じ海域に歯の鋭いカマスが回遊していることもあり、イソメが引きちぎられていることもしばしば。アタリが遠いと思ったなら、一度回収してエサを確認する。イソメのタラシは短いほどフッキングしやすいが、アタリは遠くなってしまうのだ。

GUIDE

●問合先：金沢八景鴨下丸（☎045・781・8410）
●乗合料金：7000円（女性・中学生以下4000円）、出船7:30、沖上がり13：30
●交通：横浜横須賀道路・並木ICもしくは首都高速湾岸線・幸浦ICで下り、県道357号で金沢柴町の交差点を右折。金沢漁港の交差点を左折して金沢港。看板に従い鴨下丸の駐車場へ

▶出船前には船長がレクチャーしてくれる。金髪の高山船長は温厚で親切

▼金沢八景鴨下丸の船は大型で安定感よし。この日は平日にもかかわらず満船の大盛況

この釣りは必ずといってよいくらいに
入れ食いになる時合がある

誰でも釣れて食味もグー

「春の遠足みたいよね」

と吉田さん。この日はすっきりと晴れたポカポカ陽気で海はベタナギ。潮回りは大潮で正午に干潮を迎える。下げ潮が利く午前が時合と船長はいう。潮止まりの時間はアタリが少なくなったもののそれ以外はアタリっぱなし。三石さんは開始から2時間も経たないうちに30尾超を数え、35ℓのクーラーは瞬く間にいっぱいになった。

「イシモチって食感が独特でナメロウが美味しいですよ。新鮮なうちはユッケ、カルパッチョ。潰した身でさつま揚げを作ってもいいし、小型は丸揚げがおすすめです。私の田舎の長野ではイシモチのお腹に酒粕を入れて保存食にしていました」

穏やかな海域で多くのアタリを感じられるイシモチ釣り。数が出るのでアフターフィッシングも長く楽しめる美味魚。船釣り初心者にもイチオシのターゲットだ。

MEBARU

◉神奈川県／三浦半島佐島出船／イワシメバル釣り（2月）

合わせちゃダメ！春を告ぐイワシメバル

大きな目をしたメバルは立派なフィッシュイーター

イワシの接岸とともに

東京湾、相模湾でメバル乗合が解禁するのは2月1日。潮が冷たく釣りものの少ない厳寒期も生きエサにアグレッシブな反応を示す肉食魚。それがメバルだ。東京湾では主にモエビ、相模湾ではカタクチイワシをエサにする船宿がある。この日訪れたのは、古くからイワシメバルを風物詩にする神奈川県佐島港の鶴丸。

三石さんは佐島のイワシメバル釣りは初挑戦。同船する今井寿美礼さん、金子マミさん、島布民代さんも同じだ。泳がせ釣りといえば、追われたイワシがバタバタと暴れる前アタリや、充分に食い込ませるまでの間がスリリングなところ。また、エサが大きいので良型が揃うのも魅力である。

ポイントは航行10分の佐島から芦名沖の水深5～20m。起伏がある岩礁帯だ。

「この辺りにイワシが接岸するのは例年12月くらいから。それが今年は接岸が遅くてね。1月に入ってようやく獲れるようになりました。イワシが獲れなきゃエサがない。ギリギリ解禁に間に合った感じだよ。いつも解禁当初はツ抜けが当たり前なんだけど、今年はパッとしないな。ただアベレージは22㎝くらい。最大で26㎝。型はまずまず。正直なところ一潮、二潮あとのほうが釣果は上向くと思うよ」

鶴蒔船長は解禁日のようすをそう話してくれた。メバルの産卵期はおおむね12～1月。産卵後しばらくは食い気がぱったり止まることも珍しくない。船長いわく、今期（2016年）は海水温が高く産後の一服が長引いているのではないかと推測する。

キーワードは「スロー」。アタリがあってもじっくりと送り込み、誘いもソフトに行なうのが肝要。エサを速く動かすとメバルは驚き、イワシから離れてしまう

春の柔らかな日差しを浴びたメバル。水面まで小気味よいファイトを楽しませてくれる

コンスタントに本命のみを釣りあげる三石さん

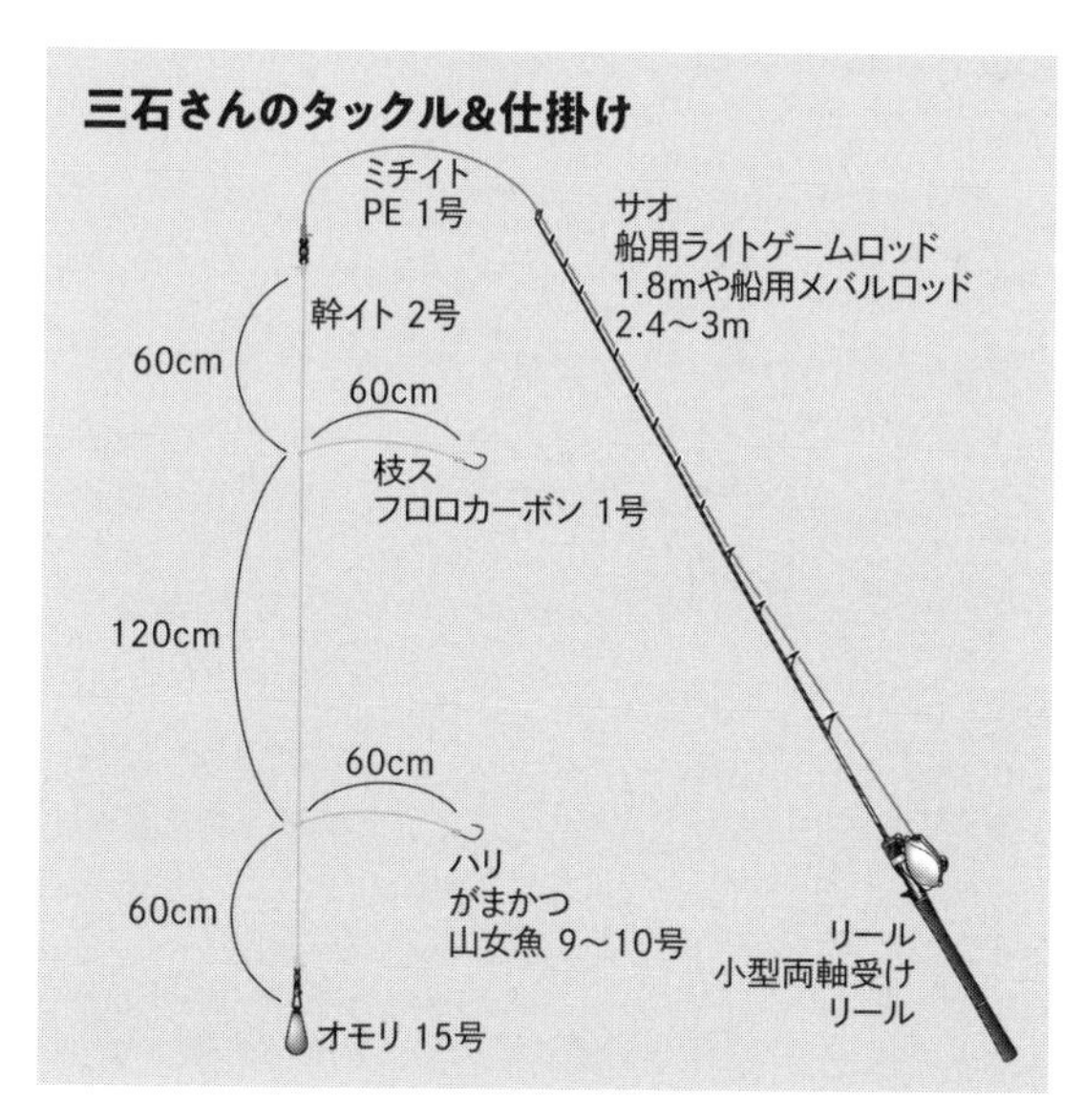

佐島沖の穏やかな沿岸部をねらうのでオモリは15号。オモリや仕掛けは船にも常備しているので気軽に相談するとよい

アタリがあれば待つ。送り込む

オモリは15号。2本バリのドウヅキ仕掛け。ハリスは1号で、生きイワシが泳ぎやすいように60㎝と長めに取る。ハリはメバルやヤマメといった細軸だ。サオは穂持ち部分まで軟らかい2・4mクラスのサオが長い仕掛けを扱いやすいが、操作性を重視するなら1・8m程度でよい。

「エサ付けを丁寧に、まめにタナを取ること。あとはイワシが仕事をしてくれるから」と三石さん。イワシはなるべく小ぶりを使ったほうが食い込みやすい。中には大ぶりのイワシもいるので注意して選びたい。

メバルは岩礁帯を好むものの、根から離れてエサを追う。基本のタナは底から1m。三石さんのタナ取りは海面近くまで穂

イワシメバル釣りの攻略イメージ

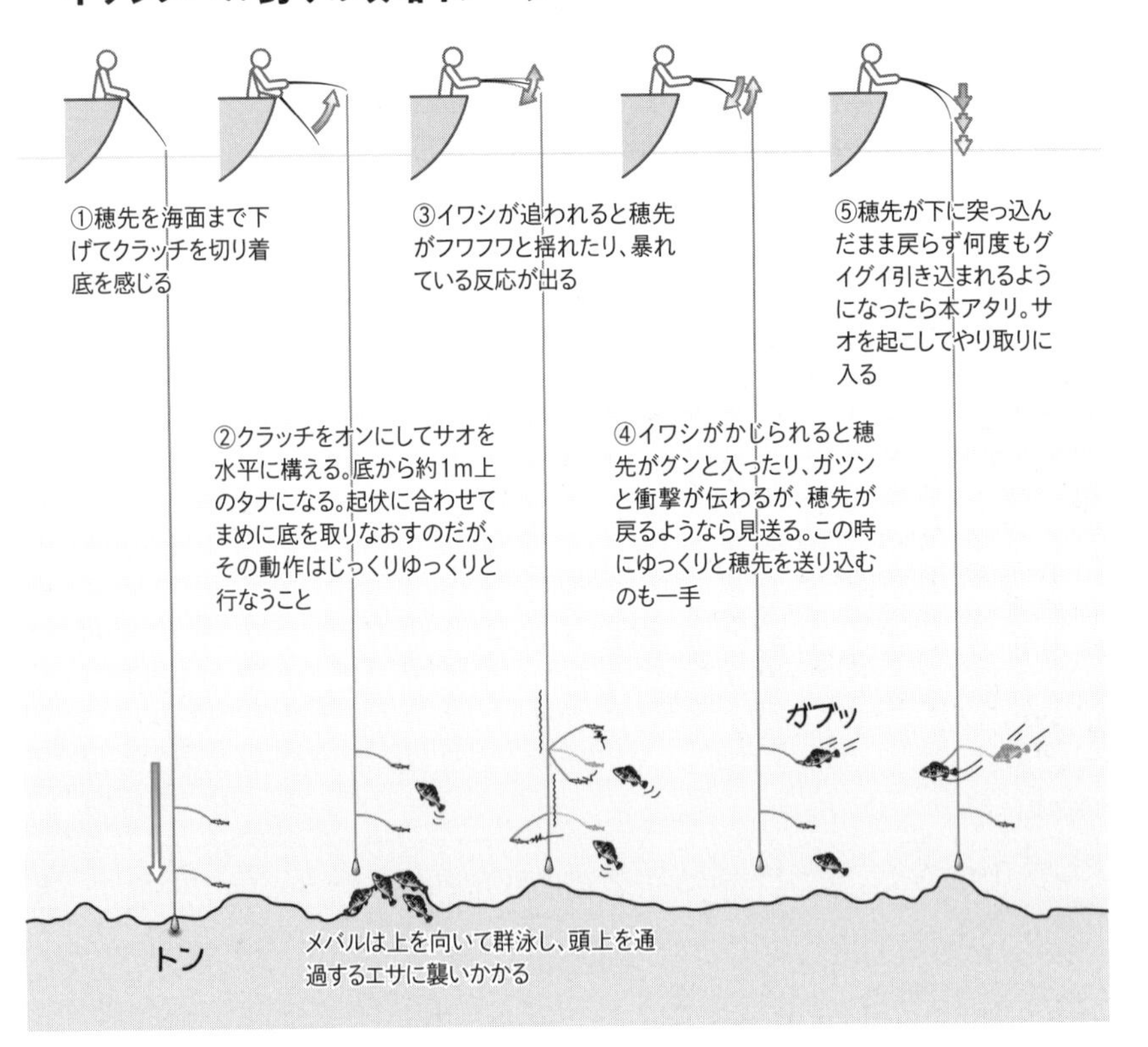

先を下げてオモリを着底させ、座った時に穂先が正面にくるように構える。これで底からおよそ1mのところにオモリが来る。

メバルは上を向いて群泳し、エサが頭上を通過すると食らいつく。反転して一気にねぐらに持っていくような食べ方はせず、

イワシが追われると穂先が不規則にフワフワする。この前アタリを感じたら、さあ集中！

深追いもしない。イワシに何度か噛みついて、弱らせてから食い込むのだ。

「この釣りではアワセという概念を捨て去ってください。ゆっくりスローに誘って、アタリが出ても完全に食い込んで穂先が入るまで待つんです」

そう話すのは中乗りの岩崎さん。合わせない。ということは向こうアワセで掛かるのを待てばよい。微妙なアタリを察知せずとも、ビギナーが釣果を得やすい釣りといえる。

ファーストヒットは今井さん。ガンガンと衝撃が走った穂先が一気に海面に刺さった。底付近ではなかなかの手応えを見せたが、間もなく力尽きる。浮上したのはカサゴ。

「いいサイズですよ（笑）」

尺近い肥えた魚体に今井さんはにっこり。カサゴはイワシメバル釣りの第2の本命ともいえる。口が大きいのでイワシを吸引しやすく比較的簡単にヒットしやすい。この1尾を皮切りに金子さん、島さんも良

島さんに良型カサゴがヒット！　この釣りの第2の本命といえる美味しいゲスト

「アタリがあってもおしゃべりをして気を紛らわせました」と金子さん。三石さんとのダブルヒットの一幕だ

イワシの装餌法

①
イワシは目を隠すと暴れにくい

②
下アゴの先端の中心部にハリ先を入れる

③
鼻の先端、左右の鼻孔の間にハリ先を抜く。ハリが真っすぐ刺さっていないとイワシが傾き、変な泳ぎをしてしまう。丁寧なエサ付けを心掛けたい

④
下アゴと上アゴを密着させて口が開かないように装餌するのが肝心。でないと仕掛け落下の際に水流を受け、イワシは一気に弱ってしまう

⑤
ポイント移動の際、下バリのイワシが元気であればバケツに生けておくのもあり。なお、上バリのイワシもバケツに入れると下バリと手前マツリをしやすい。上バリは一流しで交換と心得よう

鶴丸の２号船の船長でもある岩崎明仁さんは中乗りでサポートしながら、このサイズを連発。「メバルは底から２、３ｍ上のタナでも食いますよ。中層で当たる魚と認識してください」と話す

エサを付けたのは下バリのみ。にもかかわらず上の空バリに食ってきた本命のメバル。「Why ？（笑）」と今井さん

『鶴丸』の大船長、鶴蒔英紀さん。温厚な人柄で初心者も丁寧にサポート。鶴丸は'14年からスタートした船宿で、２名以上集まれば出船する予約乗合がメイン。小人数の仕立船もやっている

GUIDE

●問合先：鶴丸（☎090・8722・6710）
●乗合料金：１万円（エサ、氷付き）。出船10～3月＝7:00、4～10月＝6:00
●交通：横浜横須賀道路・衣笠ICで降りて、三浦縦貫道に入る。R134に出た所で右折・看板にしたがって佐島港。鶴丸の出船場所は分かりにくいが、ゲートのある大楠漁協に入って左に進むと突堤があり、ここに車を停め、荷物を下ろしてから駐車場に移動する

メバルにしゃぶられたと思しき鱗の剥げたイワシ。フレッシュなイワシに即交換するのも釣果アップのキモ

型カサゴを釣りあげる。

「父と兄が釣り好きで、船釣りにハマったのは5年くらい前です。シロギス釣りを熱心にやるようになって、去年はマグロを釣りました。カサゴ、うれしいです。それにしてもイワシメバルって繊細です。グンと来ると、つい合わせちゃいます（笑）」と島さん。

三石さんが穂先の異変をとらえた。

「追われているね」

不規則なリズムで穂先が暴れる。グングンと穂先が突っ込むがすぐに戻る。ここでゆっくりエサを送り込むと、再びグン。待つ、送り込む、を繰り返し、１分ほど経過しただろうか。そこで、穂先が絶えず引き込まれる本アタリの到来。フッキング。水面まで続く、鋭い疾走の後で黄金色の魚体がゆらり。メバルだ

「どんだけ待たせんの！ってくらい待ちました（笑）」

メバルはクロ、アカ、シロの3種がいて、沿岸で最もよく見られるのはクロメバル。個体によっては金色に輝き、三石さんが手にするのもおそらくクロメバルだ。当地では「金メバル」といって食味がよいそうだ。

この日の釣果。「春ですよ〜」と告げているかのような鮮やかなメバル＆カサゴの大輪

メバル凪。ねらうは中層

「いやだ、また合わせちゃった（笑）」

と金子さん。目の覚めるような強いアタリを見ると、つい反応してしまうようだ。

「せっかちだからなマミちゃんは」

と三石さんが指摘。そこで金子さんはアタリがあっても、今井さんとおしゃべり。サオから意識をそらすことで、アワセないようにする作戦。これが功を奏した。本アタリの強い引き込みでサオを手にし、やり取りを開始。キュンキュンと走る小気味よい引きを楽しんでいると、25㎝クラスの良型メバルがタモに収まる。


待望の1尾を手にした金子さんが「メバルってかわいいよね」と言うと、三石さんが「目がチワワっぽいのよ」と答える。確かにクリクリとした大きい目玉は愛嬌がある。

日が高くなると青空が広がる。穏やかな海面に陽光がきらめいた。昔から「メバル凪」と言うが、メバルはシケているより凪いでいるほうが実績は高い。その理由は波で仕掛けが躍り、操作がままならないがゆえに釣れないとも考えられる。が、メバルは荒れた海では活発にエサを取りにくく岩陰に身を潜めやすいという定説もある。


三石さんは2尾、3尾と本命を増やす。メバル以外は掛からない。

「ただ待っているだけじゃアタリは出ないの。タナを緻密に取り直して、アタリが遠いと思ったら仕掛けを上げてイワシの泳ぎを確認する。弱っていれば、フレッシュなエサに付け替える。底ばっかりねらっているとカサゴしか釣れないし、根掛かりも多くなる。メバルは中層で食わすのよ」


ゆっくりとメバルとの対話を楽しむように釣っていると、あっという間に沖上がりの14時は目前。今井さんは最後の流しは下バリのみにイワシを付けて投入。と、どういうわけか、エサの付いていない上バリにメバルがヒットする珍事。

「なんで〜？」


澄んだ潮、海中に届く太陽の光、キラリと反射するハリが小魚にでも見えたのだろうか。この1尾を最後に帰港となった。

「メバルといえば煮付けでしょ」

「アクアパッツァやカルパッチョもいいよ」

「このサイズなら刺身もイケる」

と、早くもアフターフィッシングの食卓に思いを馳せる4人。イワシメバルの盛期は3月まで。産後の一服が過ぎれば、釣果もどんどん上向くはず。佐島の風物詩、春告魚との静かな駆け引きをぜひ。

AMADAI

◉神奈川県／相模湾茅ヶ崎出船／LTアマダイ釣り（10月）

タナ取り命でアタリは強烈！湘南エリアのライトアマダイ

アマダイは相模湾の人気ターゲット！

置きザオから手持ちの釣りに

10月初旬、三石さんがやって来たのは、神奈川県茅ケ崎のまごうの丸。釣りものは乗合が始まったばかりのアマダイ。相模湾沖は砂地のカケアガリが多く、アマダイの生息に適している。日本のみならず、世界でもアマダイの数が多いことで知られる海である。アマダイは群れを作らず、ナワバリ意識が強い。砂底に穴を掘ってエサをねらう。にもかかわらず釣れる時は、船中バタバタと連続して釣れる。よほど数が多いのだろう。

アマダイの口は下向きで、エサを吸い込むようにして捕食する。おっとりした顔つきとノペッとした体つきからは想像できないほど、動きは俊敏。その分アタリは強烈に出る。

従来の道具立ては7：3の先調子で3mくらいのロッド、3000番クラスの電動リール、PE5号、大き

エサの付け方

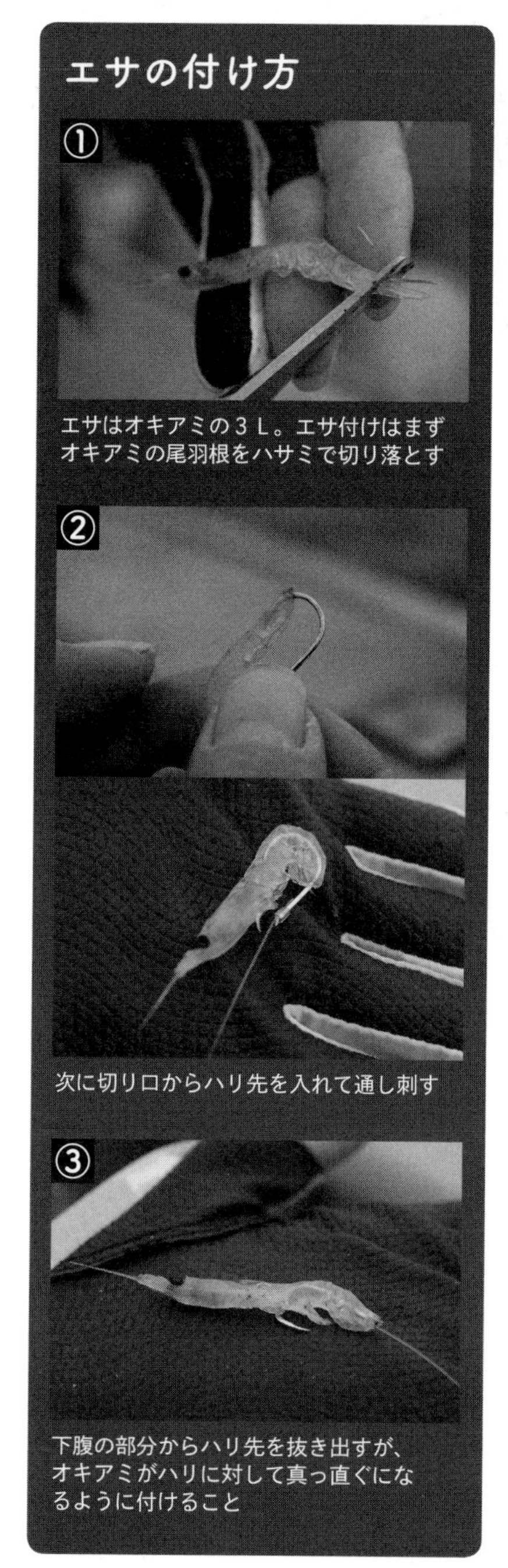

①エサはオキアミの３Ｌ。エサ付けはまずオキアミの尾羽根をハサミで切り落とす

②次に切り口からハリ先を入れて通し刺す

③下腹の部分からハリ先を抜き出すが、オキアミがハリに対して真っ直ぐになるように付けること

品のある赤と青の魚体は美しく、目に愛嬌がある。近年、アマダイはアカ、キ、シロの３種に分類され、相模湾にはいずれも生息する。中でもシロアマダイは最大60cm クラスにまで育つ

湘南のシンボル「エボシ岩」。晴れていれば背後に富士山が見えるロケーションも茅ヶ崎沖の魅力

ライトアマダイは手持ちでまめにタナを取り直すことが好釣果に結び付く

めのテンビンにオモリ80号をセットした2本バリの吹き流し式仕掛け。釣り方は置きザオでタナ取り重視だった。しかし、近年のライトタックル（LT）乗合では、手持ちで誘いを重視した釣法になっている。三石さんはライトになってから敷居がぐんと下がり人気も上向いたという。

LTアマダイ乗合であれば、オモリは40～50号。あらかじめ船宿にオモリの号数を聞いておき、釣りの最中に船長の指示が出た場合はその号数に合わせる。サオはタチウオやアジにも好適な汎用性の高い、船のライトゲームロッドがよい。長さは2m以内で胴やバットがしっかりしているもの。極先調子のロッドはアタリを弾いてしまうので、穂先は軟らかめが理想である。小型電動や手巻きの小型ベイトリールにPE1号前後を200mくらい巻いておく。

テンビンは腕長20～30cm。仕掛けは2m前後のもので、船宿が推奨している仕掛けがベター。船長のタナ指示は船宿の仕掛けを基

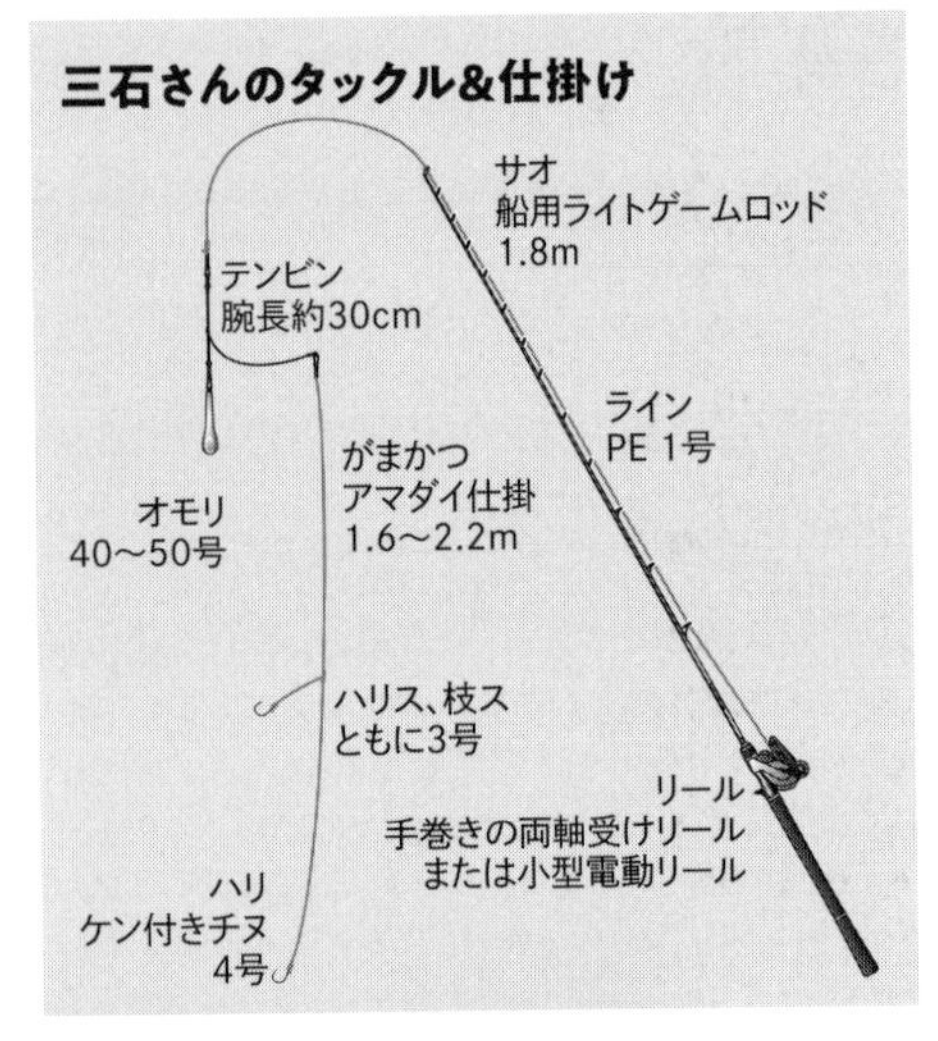

▲サオは1.8ｍクラスの船のライトゲーム用ロッドが好適。リールは小型の両軸受けリールで手巻きでOK

▼仕掛けはがまかつ「アマダイ仕掛」を使用。仕掛けの長さは船長の指示ダナにも関連するのでしっかり確認しておく

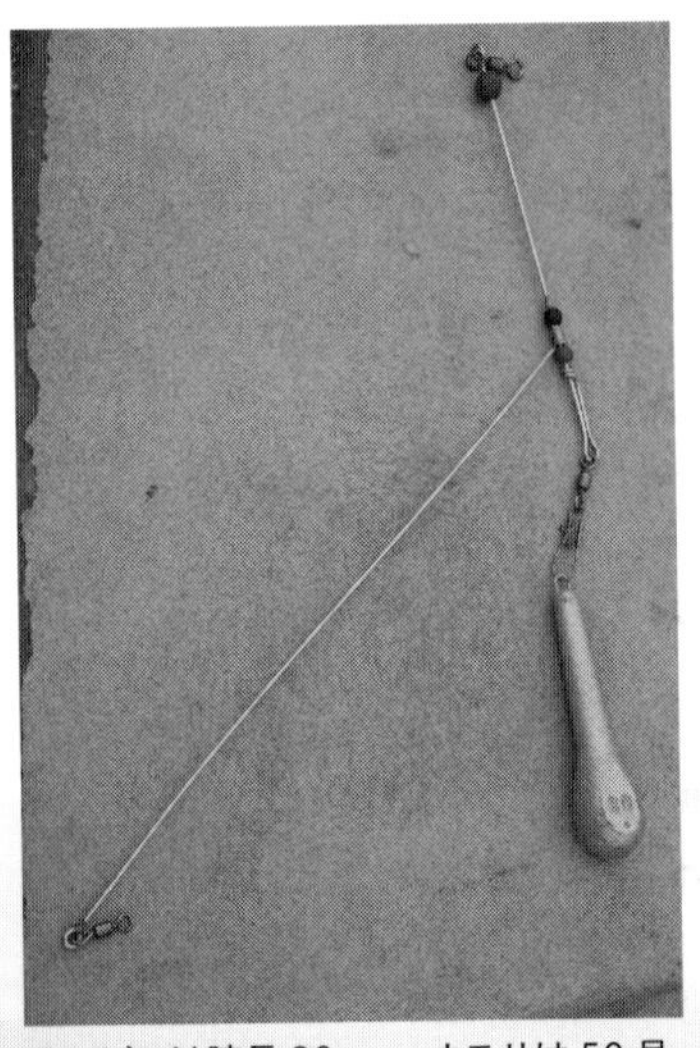

テンビンは腕長 30cm、オモリは 50 号

ハリはオキアミのズレを防止するケン付き

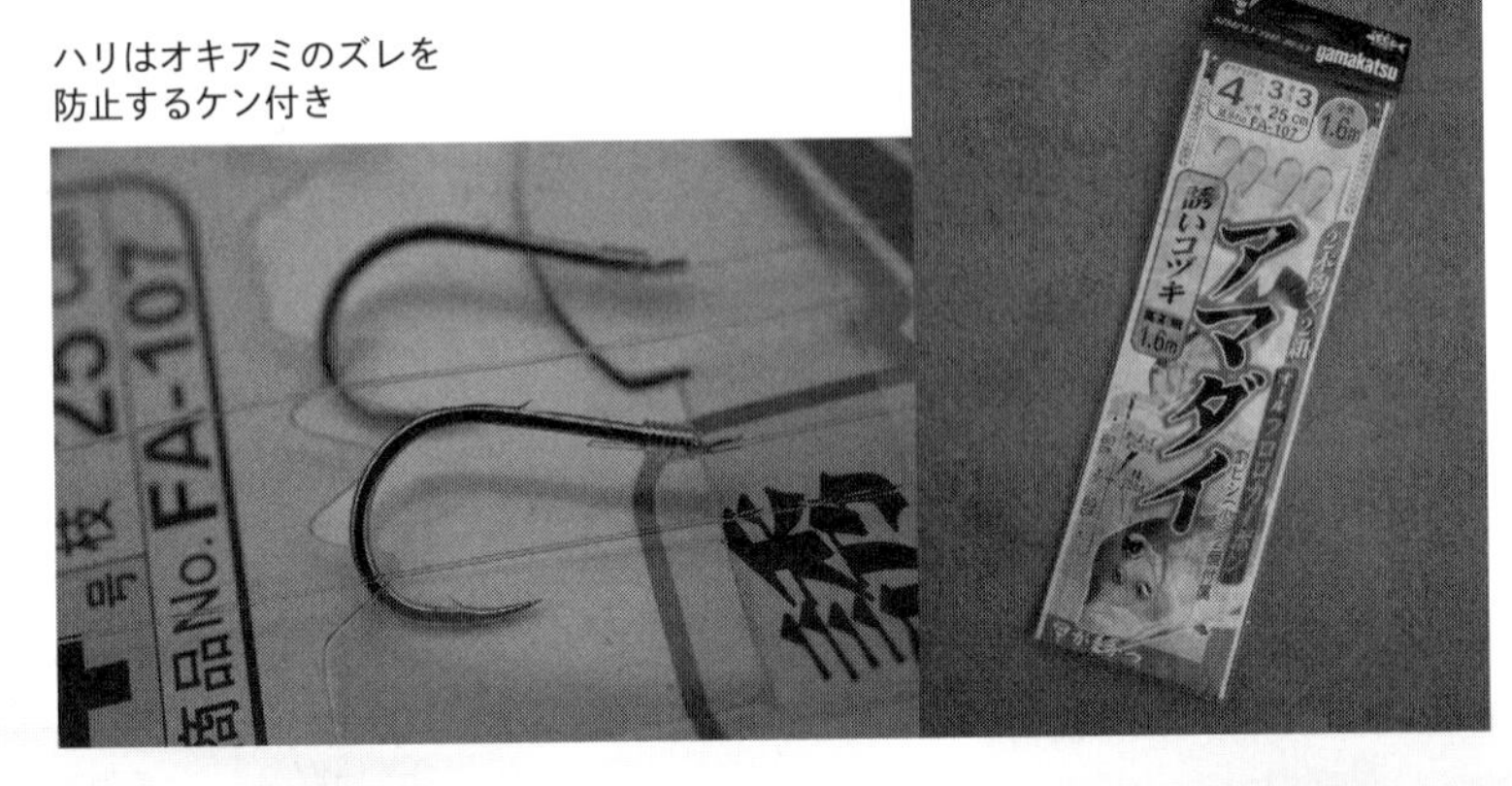

この日はアマダイ開幕直後とあって平日ながらお客さんは多かった

アマダイ釣りのタナ合わせのイメージ

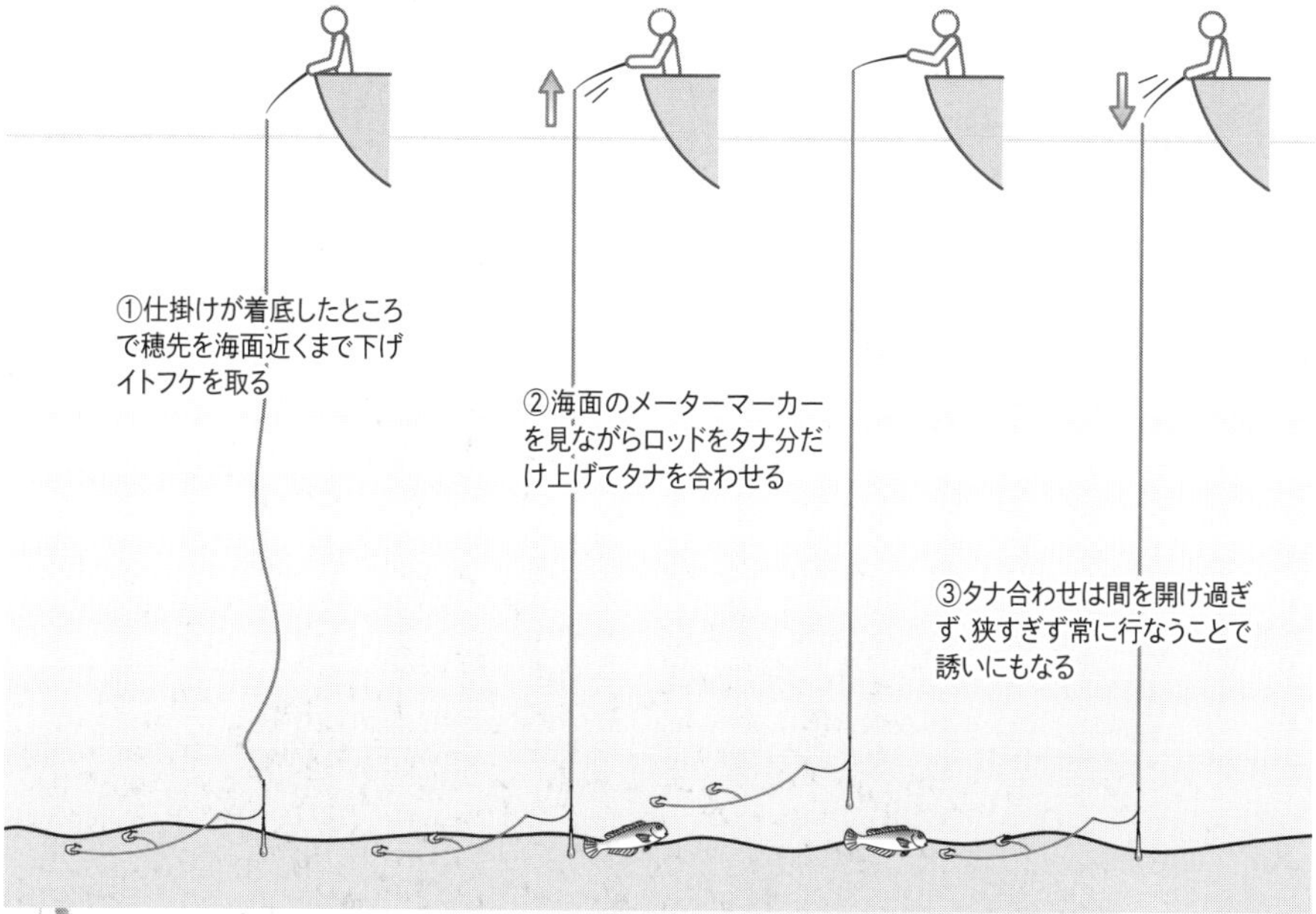

①仕掛けが着底したところで穂先を海面近くまで下げイトフケを取る

②海面のメーターマーカーを見ながらロッドをタナ分だけ上げてタナを合わせる

③タナ合わせは間を開け過ぎず、狭すぎず常に行なうことで誘いにもなる

海底付近での激しい突っ込みはアマダイ釣りの楽しさのひとつ

準に言うことがある。外道が釣れた時にトラブルもあるため多めに用意しておきたい。

エサはオキアミ。丸まっていると仕掛けの落下時に回転してしまい、仕掛けがヨレる原因になる。

「仕掛けを投入した時にロッドを引っ張って、水面下で仕掛けを横に動かし、エサが回転していないか確認してください。回収時もチェックできれば確実。オキアミがズレただけで回転しやすくなります。私はズレを防止するためにもケン付きのハリを使っています」と三石さん。

底スレスレをエサが漂うようにする

タナ指示が出る場合はそれに合わせるのが基本だが、使っている仕掛けの長さによってタナは微妙に変わる。たとえば船宿で使っている仕掛けが2mとして、タナが底

平野翔也さんの釣った 50cm を筆頭にこの日の船中は 47cm、45cm と大型に沸いた

から1mとすれば、オモリを1m上げると1m分の仕掛けは海底を漂う。これが1・5mの仕掛けだと底を漂うのは50㎝分だ。アマダイは砂底に潜ってエサを見つける。仕掛けが浮き過ぎていると当然ヒット率は下がる。1・5mの仕掛けで2mの仕掛けと同じように海底に漂わせたければ、底から50㎝分上に上げる。そうすれば2mの仕掛けと同じく1m分は底に漂う。あらかじめ仕掛けを用意した人は、出船前に船長に仕掛けを見せてタナを聞くのもよい。

「アマダイ釣りを一番知っている人は船長だから、初心者の人は、出船前に船長に釣り方やタナ取りのことを遠慮しないで聞きましょう。私も今回の船宿さんは初めてだから、船長にタナを聞いたわよ。1〜1・5mだって。船宿の仕掛けは2・2mで私の使う仕掛けは1・6m。だからタナが底から1mと指示があれば、私の場合は底から40㎝を目安に上げます」

　こうしてタナを調整するのだが、潮が緩く船が適度に流れないとエサが海底を擦ってしまう。こうなると途端にアピール度が下がり、魚も見つけにくい。

「底擦りしているかどうかを判断するには、下バリのオキアミに砂が付いているかが目安。ライトは手持ちが基本だから、私の場合はロッドでタナを合わせています。サオを水平にしてオモリを着底させ、ラインのマーカーを見ながらタナ分のイトを巻き取る。微妙なタナ取りはラインマーカーを見ながらロッドを上下するだけ。この動きが誘いにもなる。常にタナ取りはするけど、速く動かしすぎないこともだいじよ」

◀この日は気さくで親切な若船長の古山拓也さんが操船

GUIDE

●問合先：まごうの丸（☎ 0467・86・5938）
●乗合料金：9000 円。エサ別。出船 6：40
●交通：新湘南バイパス茅ヶ崎海岸 IC から R134 を江の島方面に向かって走り、西浜海岸入口を右折して茅ヶ崎港へ

良型のアジもまじる

オニカサゴもヒット！

アタリは明確。中速一定で巻き上げる

茅ヶ崎港を出船した船は、エボシ岩沖の水深60ｍから70ｍ前後のポイントを移動していく。とりあえず50号で釣りを始めた三石さん。ロッドの調子が合わず、途中で硬めのロッドに交換。すると77ｍのポイントの流しでアタリが来た。

「外道のアタリはついばむようなブルブルッて感じだけど、アマダイはゴンッてダイレクトにきます。アタリが来たら一瞬だけ聞いて穂先がグンと入ったら鬼アワセをします。アマダイは海底でかなり抵抗して、途中でも強い抵抗が来る。40㎝を超えると引きが激しすぎて別の魚に思えるくらい。巻き上げは電動リールなら中速で一定が基本。でも大型は途中でも強く引くから、その時は無理して巻かないことね」

海面を割ったのは30㎝ほどのサイズだったが本命に笑顔がこぼれる三石さん。

「アマダイはリリースしても（浮袋が膨らんでいて）海底に戻ることができないから、基本オールキープ。外道のカサゴやレンコダイなんかは意外に強くて戻っていくからリリースOK。外道でも大型のレンコやイトヨリダイ、アカボラ（ヒメコダイ）、ホウボウ、カサゴなんかは美味しいからキープするといいですよ。私的アマダイ料理のイチオシは、ウロコが付いたまま揚げる松傘揚げ。サクサクフワフワの食感がたまらないわ！」

この日は北風が強く寒かったが、船中最大は50㎝。ほかにも47㎝、45㎝という大型が釣れて沸いていた。10月から春まで長い期間で釣れるアマダイ釣り。非常に美味な白身を味わいに挑戦してみてはいかが。

AORIIKA

◉千葉県／内房勝山出船／ティップランアオリイカ釣り（11月）

ステイはピタリと3秒静止！良型が乗る。冬のティップランアオリイカ

空気の澄んだ冬晴れの日、1.5kgがティップを走らせガツンと乗せた三石さん

攻めるエギング。タックルはシンプル

11月下旬、三石さんが挑戦するのは、通称〝ティップラン〟と呼ばれる船からのエギング。ねらいは食味も抜群のアオリイカだ。

ティップランでは、30g、40gと重い餌木を用いて底を取る。シャクって誘い、ステイで抱かせる基本操作で、ティップ（穂先）が「クン」ともたれたり、テンションが「フッ」と抜けるアタリを合わせて掛け取る。そんな攻めのアオリイカ釣り乗合を、東京湾で早くから始めていたのが、内房勝山の和田釣具店（勝山かかり釣りセンター）だ。

ティップラン船はドテラで流す。つまり船体の横に風を受けて流し、釣り座は風上

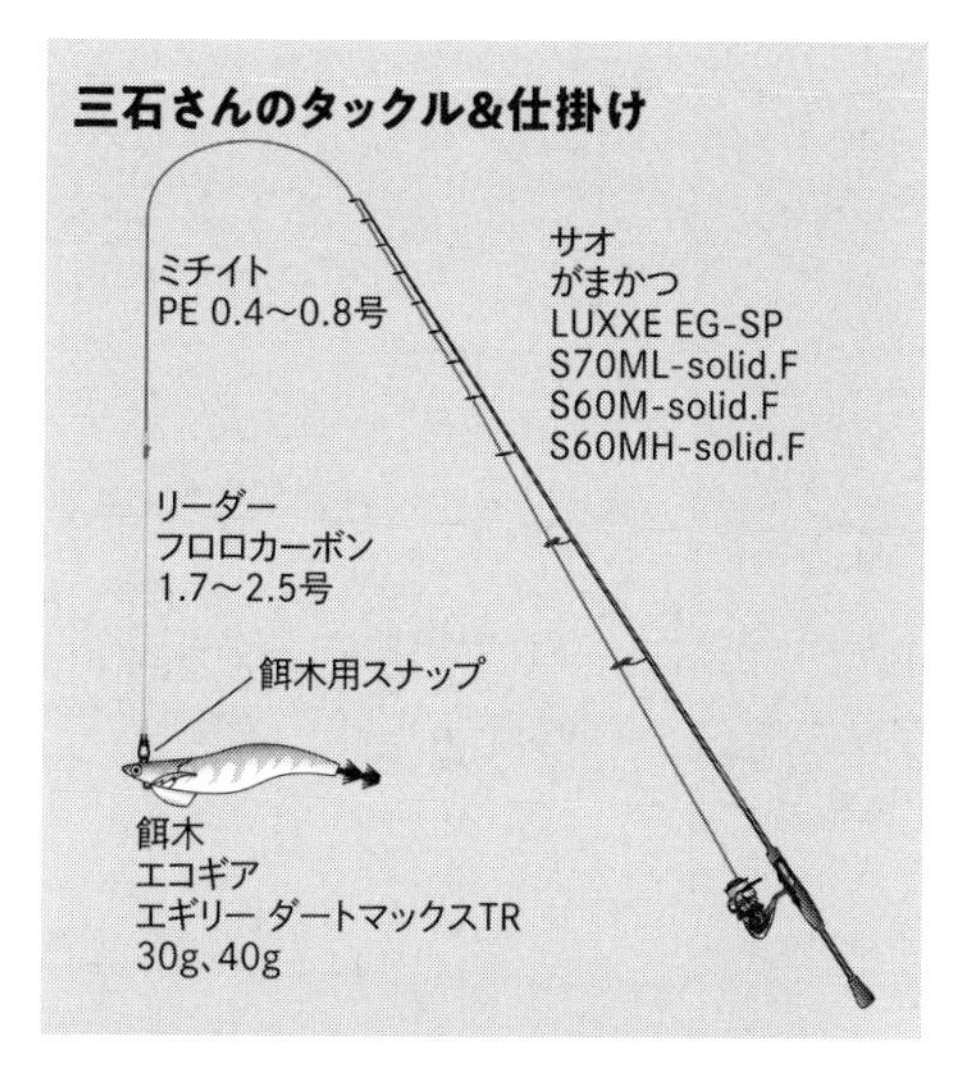

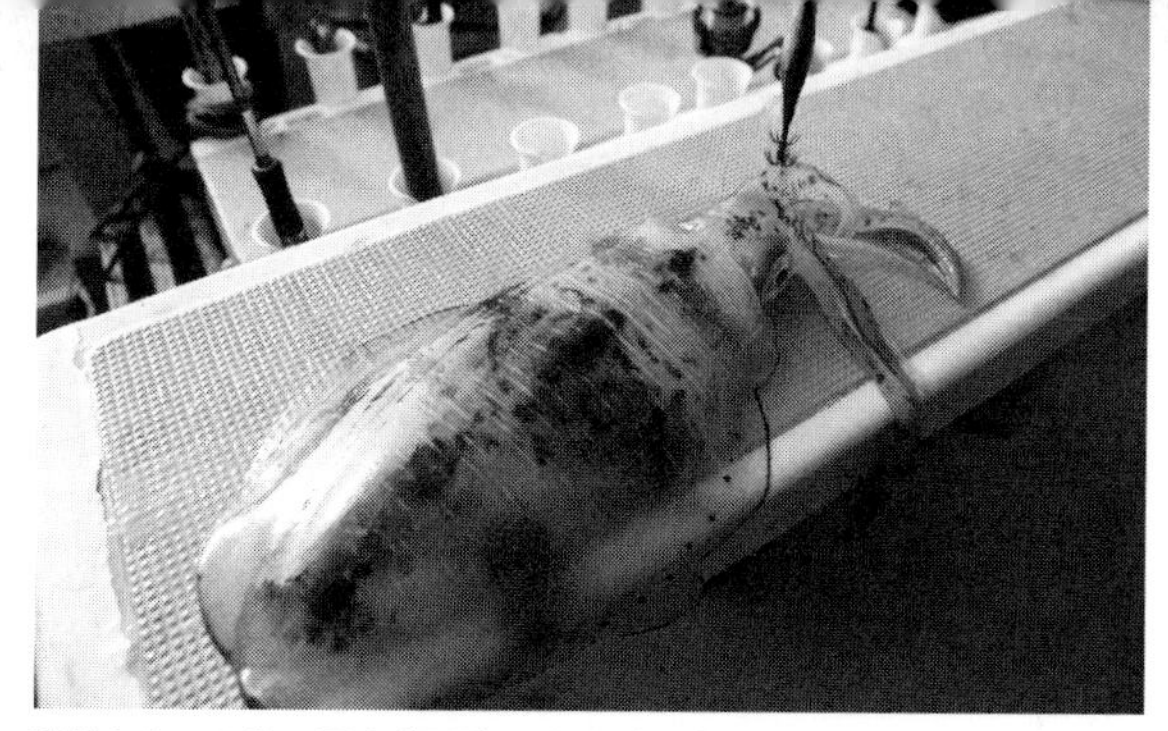

出船から 15 分、浮島南面寄りやや沖の水深 25 mラインで 1 パイ目

ズシンと乗ってからバットを一気に引き込む良型アオリイカの引きは癖になる

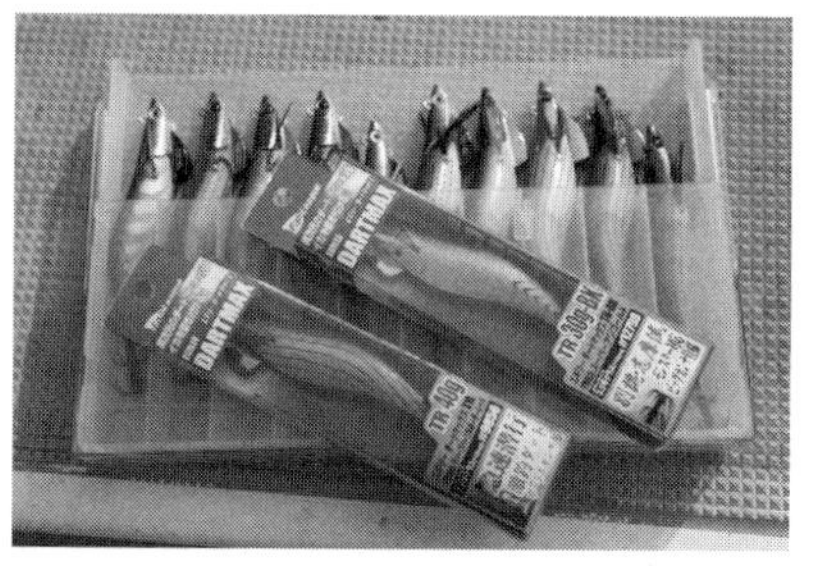

「エギリーダートマックス TR」はビギナーでも餌木をキビキビと動かせる。根掛かりを考慮して、30 gと 40 gどちらも複数用意したい

この日の釣果はグリーンに金テープの『アジ金カラー』餌木が 8 割の打率だった

三石さん愛用のロッドはがまかつ LUXXE EG-SP。シャクリやすさを追求してバットはやや硬め。白く塗られた繊細な穂先がアタリを鮮明に伝えてくれる

側の片舷のみ。そこで定員は限られ和田釣具店では6名まで。船宿にとって利益率の悪い釣りだが、熱烈なファンは多い。ドテラ流しのメリットは、釣り座の優劣がほとんどなく、強いていうならミヨシとトモが広範囲を探りやすいこと。ずばり、釣果の差は腕の差となる。ちなみにアオリイカの乗合船は、中オモリを介して餌木を結ぶシャクリ釣りのほうが歴史は古く、こちらは両舷でサオをだし潮先の釣り座が断然有利となりやすい。

「初めてティップランをやったのは5年前。和田さんの船に乗るとバタバタと釣れちゃって。それからこの釣りとの相性はとてもいいの」と三石さん。

勝山のアオリイカは10月に解禁を迎えた。当初は2桁釣果も多かったが、水温の低下とともに数は減る。ポイントは勝山のシンボルといえる浮島の周辺。メンバーは三石さん、今井寿美礼さん、星智子さんの3人だ。

タックルはエギングロッドとPE0・4~0・8号(0・6号が標準)が200m巻けるスピニングリールがあればよい。餌木単体で底を取るティップランエギングでは、水切りのよい細いミチイトが不可欠。PEにはフロロリーダー1・7~2・5号を3~4m結束し、根ズレを防止する。穂先が細く柔軟なティップラン専用ロッドを使うとアタリはより分かりやすくなる。また船での操作性と目感度を重視するなら、全長6~7フィートのショートロッドが好適で専用モデルの多くは短い。餌木はティップラン専用と銘打たれたモデルを使う。

アオリイカのファイトを楽しみ星智子さんもこの笑顔

シャクリからステイの動作

ドテラ流しは無風でも強風すぎても釣りにくい。この日の天気予報では北東風が5m。風表に出ると体感的にはさらなる強風と感じられた。ティップランは風を正面から受けるので防寒対策は万全に。さっそく三石さんが星さんにレクチャー。

「餌木の着底をしっかりと把握してね。着底するとラインがフケる。この瞬間を見逃さないこと」

風が強い、もしくは潮が速いと餌木を真下に落としてもあっという間に船から離れる。着底のサインを見逃せばラインは延々と出て餌木を放置すれば根掛かりする。まずは底が取りやすい重さの餌木を選ぶこと。そしてティップの下に余分なイトフケを出しながら餌木を送り込むと着底のイトフケが分かりやすくなる。

アオリイカのタナは基本的に底付近と考えて餌木を浮かせすぎないことも勘所のひとつ。着底から3～8シャクリで餌木を跳ね上げてアピールするが、潮が速い、もしくは船が速く流されるようならシャクリの回数は少なめでよい。

「この風なら3シャクリでいいよ。シャクった後はピタリと穂先を止めること。ステイは3～5秒。長く待ってもアタリは出にくいからね。再度イトを出して着底させる。ステイ中の餌木を安定させるのがとても大切で、止まった餌木が変に動くと追ってきたイカも見切って逃げちゃう。巻きシャクリの後にリールのハンドルを放すと惰性で回っちゃうことがあるでしょ。これもダメ。特に巻き心地が滑らかな高級リールほど注意して。ステイの時はハンドルノブを持ったまま固定。とにかく餌木を安定させる。

和田釣具店船長の和田吾郎さんはとても温厚

GUIDE

●問合先：和田釣具店（☎0470・55・2675）
●乗合料金：9500円（平日9000円）。出船6：00～6：30（要問合せ）
●交通：富津館山道路・鋸南富山ICを降り県道184号を勝山港方面へ。下佐久間の交差点を左折してR127に入り勝山の信号を直進すると勝山港。港に出てすぐを左折すると和田釣具店

1kgを超えるアオリイカは目や触腕、そしてエンペラも巨大化する

根掛かりを外した瞬間コウイカがヒット！

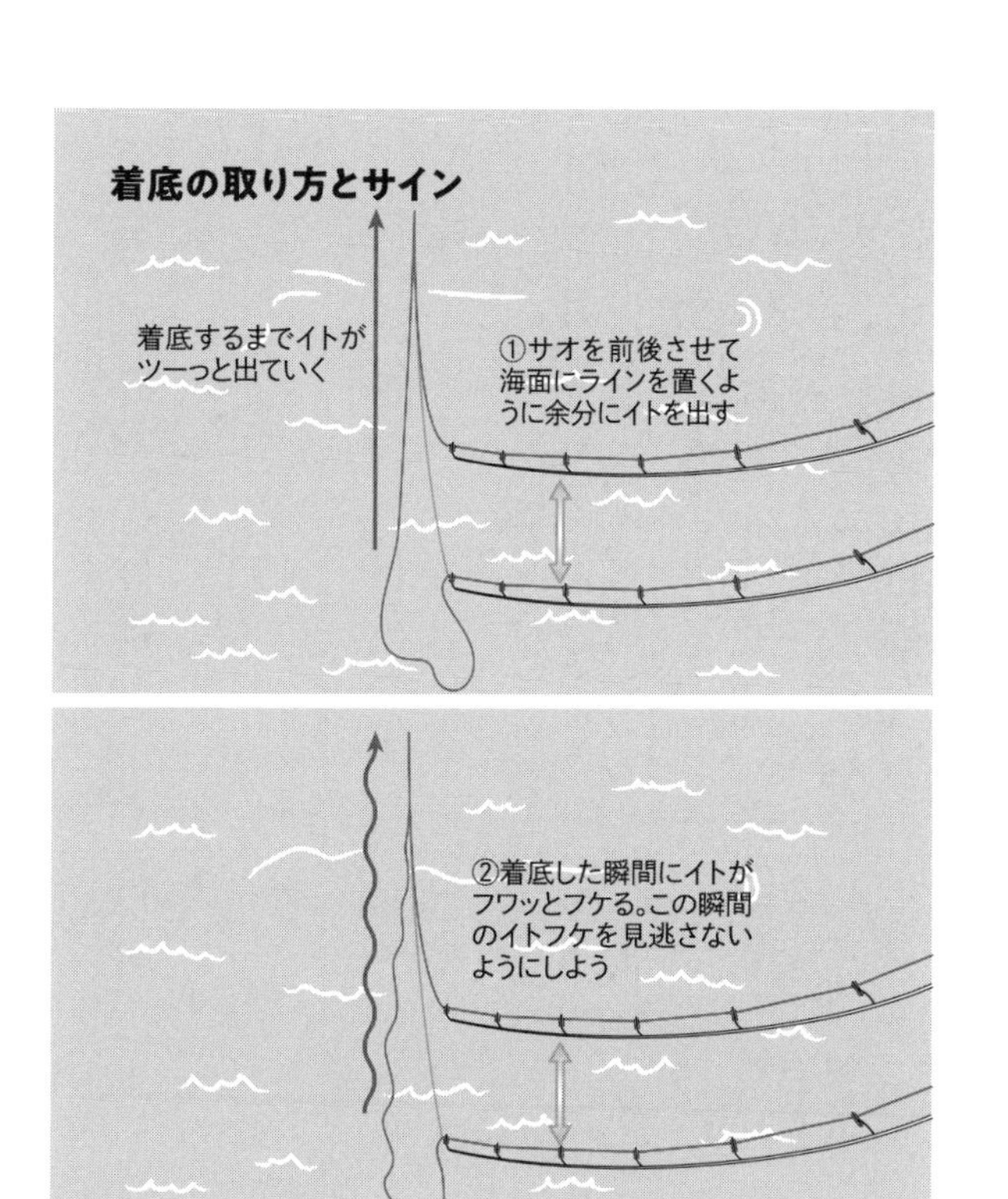

イカ釣りの宿命ともシアワセともいえる墨鉄砲。星さんが着用するシップスマストのマリンジャケットは防水性と機動性に優れる素材でイカの墨も一拭きで消えるアイテム

余計な動きをさせないように注意して」

そう話す三石さんのシャクリはシャープで滑らか。グリップエンドと肘を密着させないのがコツだ。ロッドは身体のセンターに構え、腕を軽く伸ばし手首のスナップを利かす。

「上手くシャクれない人の大半はグリップエンドを肘に当てて固定しちゃっているの。グリップエンドをフリーにしたほうがリールを支点にサオを上下に振りやすいでしょ。手首を柔らかくしてカクテルシェイカーを振るような感じでやってみて」

星さんはコクリとうなずき実践する。ジギング経験があるためかシャクリの動作はとてもスムーズ。なお、リールのドラグはきつめに調整。ズルズルに緩いと餌木が動きにくいのだ。強くシャクった時に「ジッ」とドラグが逆転しラインが少量出る感じが目安。特に力の乏しい女性はドラグをきつめに調整したい。

1シャクリにつきハンドル1回転で餌木を跳ね上げるのだが、リールは巻こうとせず、ハンドルノブを軽くつまんでいればよい。するとシャクリ上げた拍子にハンドルが下に動く。そして次のシャクリに移る際のロッドを下げるアクションでハンドルは上に回る。ロッドでハンドルを動かす要領でシャクると上手くいくはず。

三石さんは餌木を止めるステイの時に目線より上の位置でティップを保持する。

「ティップを下に構えてアタリを取る人も多いけど、私は上で構えています。ティップは目線より上にあったほうがラインとの角度が付きやすいし、アタリも見やすいと思うのよ」

このとおりにやってみれば、シャクリからスムーズにステイをしやすく、船の揺れに対してもティップの位置を安定させやすいように感じられるはずだ。

アジ金にダントツのヒット

出船から15分ほど経過すると和田船長は水深25mラインを探った。そして最初の流

千葉県千葉市在住の山口正之さんは1.2kgを2ハイ乗せた

ティップランエギングの手順

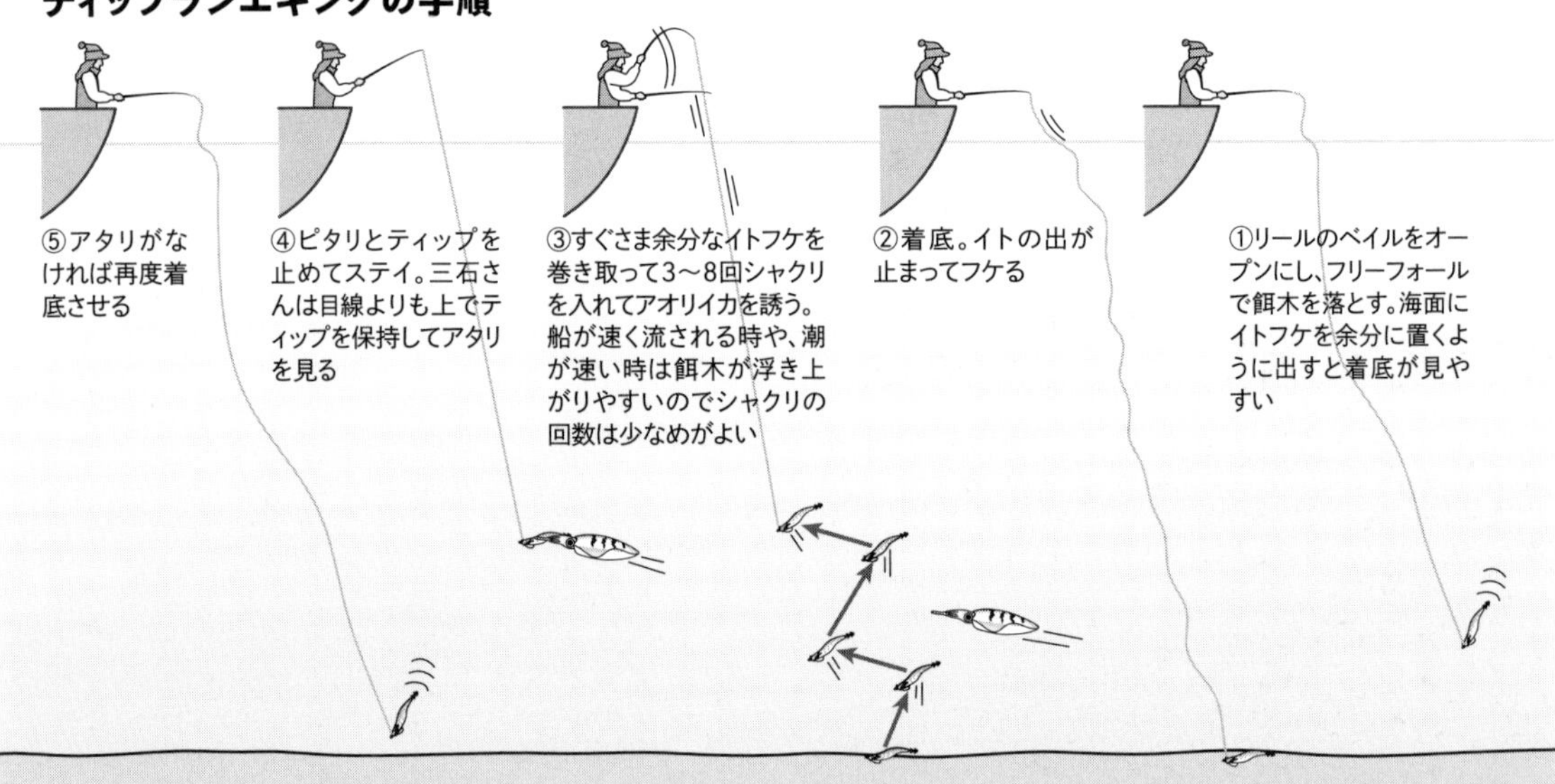

⑤アタリがなければ再度着底させる
④ピタリとティップを止めてステイ。三石さんは目線よりも上でティップを保持してアタリを見る
③すぐさま余分なイトフケを巻き取って3～8回シャクリを入れてアオリイカを誘う。船が速く流される時や、潮が速い時は餌木が浮き上がりやすいのでシャクリの回数は少なめがよい
②着底。イトの出が止まってフケる
①リールのベイルをオープンにし、フリーフォールで餌木を落とす。海面にイトフケを余分に置くように出すと着底が見やすい

ティップに出るアタリの一例

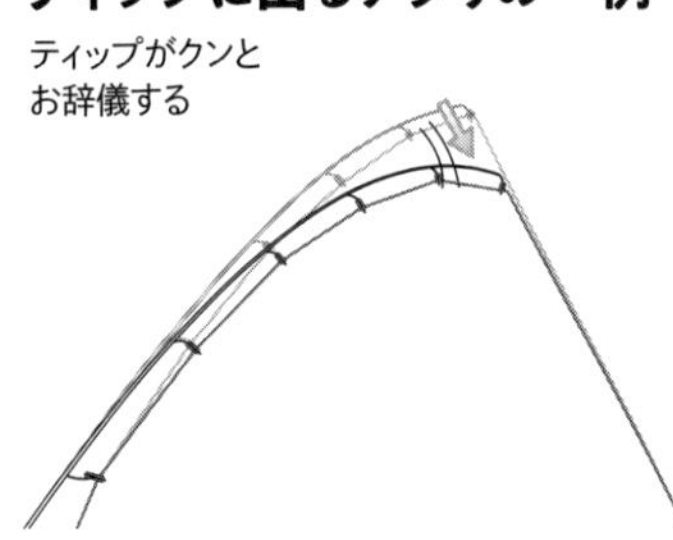
ティップがクンとお辞儀する

ティップがポンと跳ねるように戻る

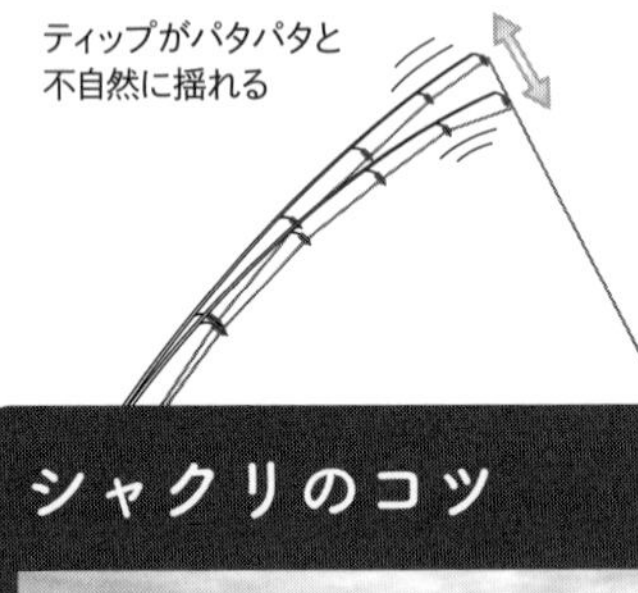
ティップがパタパタと不自然に揺れる

しで三石さんの愛竿「LUXXE EG-SP」のティップがクンと走った。すかさず合わせるとロッドにズシンと重みが乗りジーッの快音。

「乗りましたよ」

と三石さん。きつめに設定したというドラグもイカが乗ればジージー逆転。ゆっくりと一定のテンションを掛けて巻き上げると、浮上したのは1kgクラス。触腕にカンナが掛かってビヨーンと伸びている。

「渋い乗り方だね」

と言っている間に船長がすかさずタモに入れる。

当たり餌木は「エギリーダートマックスTR」40g。色はモスバックグリーンゴールド。背中は緑、腹部に金テープを施した餌木は勝山では特に実績が高いそうだ。

「餌木のカラーは船長に聞いてみる。最初は周囲の釣り人と違う色を使うのもあり。乗った色を確認してから合わせてもいいです。重さは30gが標準だけど、風が強い時や潮が速い時も対応できるように40gも用意すること。特に深場を中心に探るこれからの季節は重い餌木は必需品です」

この1パイを皮切りに三石さんの独壇場

シャクリのコツ

腕を伸ばしてロッドは身体のセンターに。グリップエンドをフリーにして上下に動かしやすくする。手首のみを使ってロッドを振る

グリップエンドを肘に当ててシャクる。こうしてエンドを固定すると腕全体でシャクることになりロッドを滑らかに動かしにくい

ヒット後は焦らず、ドラグを利かせてやり取りする

美味な高級イカがこれだけヒットすれば言うことなし！

が始まった。続けざまに800gを乗せ、その数分後に3バイ目。それも1kgの良型である。アオリイカは「イカの王様」と称される。大きなエンペラが特徴で引きの強さが魅力だ。そして春になれば2kg、まれに3kg以上の大型が乗ることもあるのだ。

渋い時こそ新品餌木

ティップランは1人が乗るとチャンスタイム。周囲も連発しやすいがこの日は単発ばかり。同船した三石さんの釣友、山口正之さんは1・2kgの良型を2ハイ乗せたがこの時も周囲は当たらず。そして星さんは根掛かりに難儀する。餌木のロスを防ぐためにも船長のアナウンスには耳をすまそう。「水深25mからカケアガっていくから」など海底の変化を教えてくれる。

「あれ？　根が動きだしたんですけど……」

星さんが根に掛かった餌木を外そうとチョイチョイ動かしているうちにイカが抱き付いたようだ。

「乗ってるねえ」と三石さん。浮上したのはコウイカ（スミイカ）。今にも墨鉄砲を吐きそうな気配に警戒しながら船長がアシスト。蓋の付いたタライに入れると、ブシューッという音が響きタライの水は真っ黒になった。

午前10時には風が弱まり底を取りやすくなった。水深は20m。船中は静かでシャクリ音が響くのみ。

「私の経験では渋い時ほど新品の餌木が乗りやすいんです。たぶん一度使った物に比べコーティングのぐあいがいいのかも」

そう言って実績充分の新品「エギリーダートマックスTR」30gのスーパーアジゴールドカラーをセット。「また乗ると思いますよ」と予告。まめに着底を取り直して探るうち、ティップがポンと戻るような変化。即座にアワセを入れた瞬間、バットが満月になるこの日一番の手応えだ。無理にロッドを立てずドラグでやり取りする三石さんの目尻が下がる。

「これは大きいよ！」

取り込んだイカを船長が測る。1・5kg。これが最後の釣果になった。渋い釣りではあったもののサオを絞ったのは良型ばかり。三石さんや山口さんにアオリイカの美味しい食べ方を聞いてみた。

「刺身にするならタテヨコと切り方を変えるだけで歯応えが変わって味わい深くなります。炒めるのも楽でアオリイカのキモを混ぜると美味しいです。あとはかき揚げ。サイコロ状に身を切って、玉ねぎやネギも同じくらいの大きさに切る。これを混ぜて揚げると絶品です。アオリイカは薄皮を剥ぐのが面倒なんだけど、よい方法が湯引き。熱湯をさっと注ぐと驚くほど簡単に剥げますよ」

和田釣具店のティップラン乗合は秋から例年5月まで続く。春に向けアオリイカはぐんぐんと育つ。より大型が乗るようになるだろう。

MADAKO

◉神奈川県／相模湾腰越出船／マダコ釣り（5月）

身が締まった近海マダコは
釣ってよし、食べてよし

海底から極上食材を引っぺがす
快感、初夏のマダコ釣り！

運が7割。だから誰にもビッグワンのチャンス

マダコ釣りは手釣りである。使う道具は、渋イトと呼ぶ太いイトの先にカニを巻き付けたテンヤをセットしたもの。操作は海底を小突くのみ。東京湾に相模湾と都心近くに釣り場があり、東京湾では千葉県富津が5月中旬から解禁、それ以外の乗合は6月1日からスタートする。相模湾はゴールデンウイークのころから乗合を開始し、5月下旬のこの日は、鎌倉に近い腰越港から池田丸に乗船した。

「腰越沖の釣り場は水深が4〜15m。根周り、カジメ周りが中心です。晴れてナギの日は釣果が安定していますよ。大きくて2・1kgまであがっていますが、まだ初期のせいか200gくらいの小型が中心です」

と話すのは橋本浩平船長。マダコは雨後の水潮時やシケ後の底荒れ時に活性が低

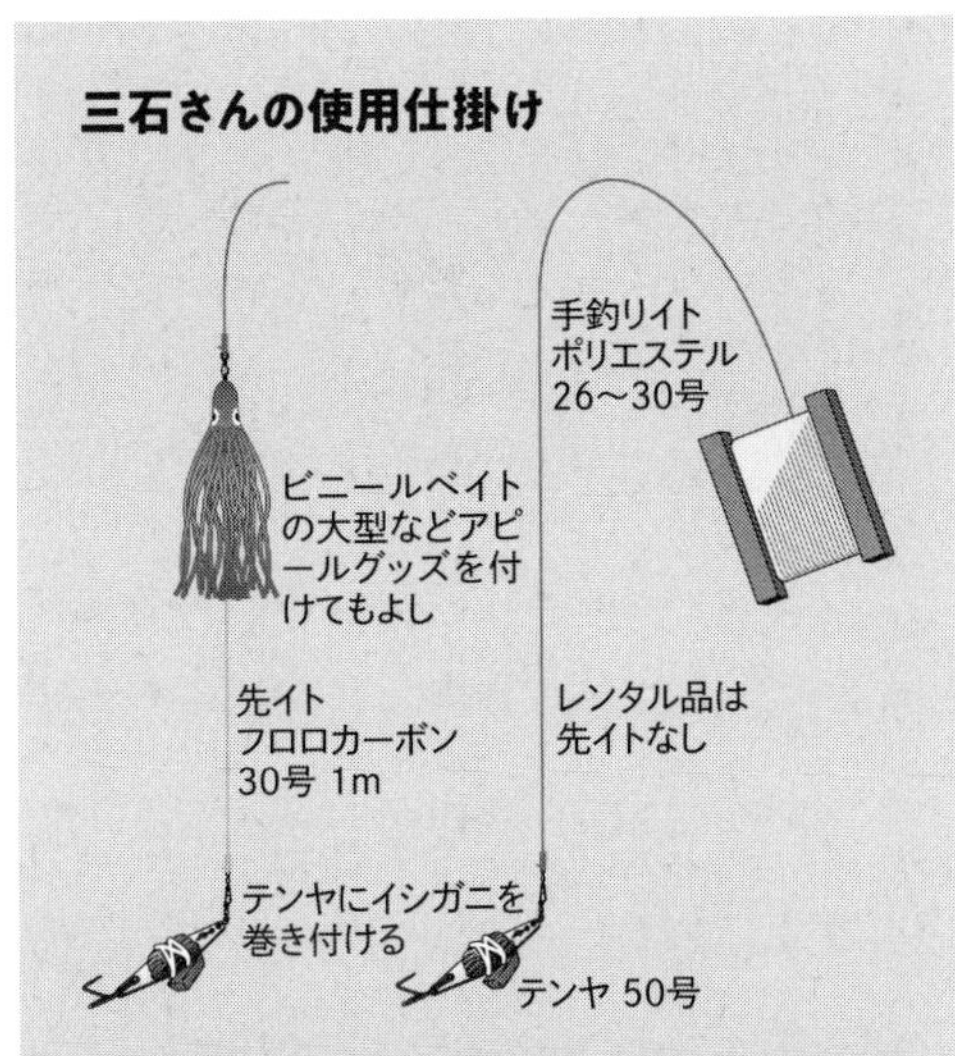

渋イトとテンヤ。船宿によっては指サックとクーラーボックスさえ用意すれば、ほかに何もいらない

太い腕で 50 号テンヤにガッチリと抱きついたマダコ

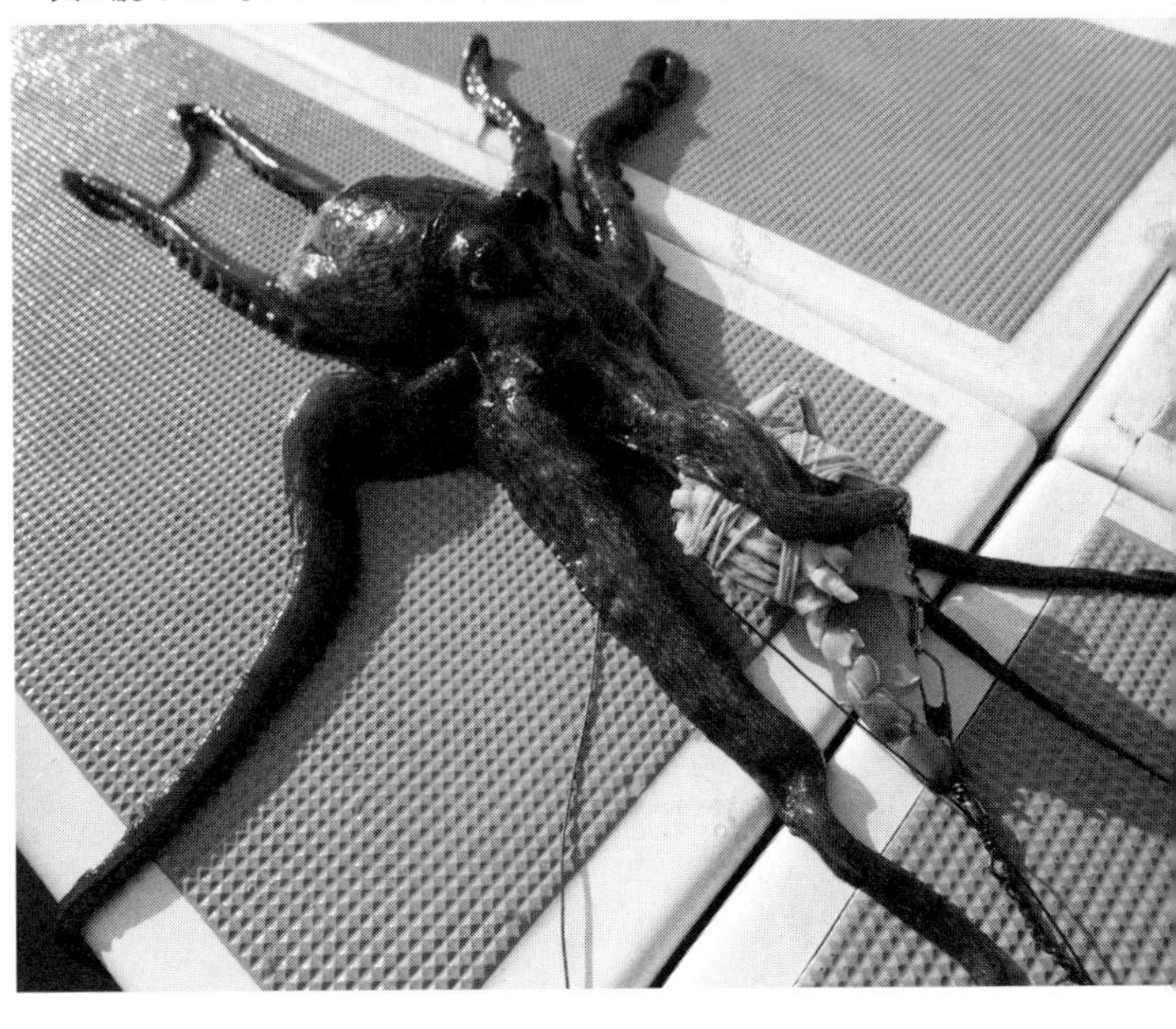

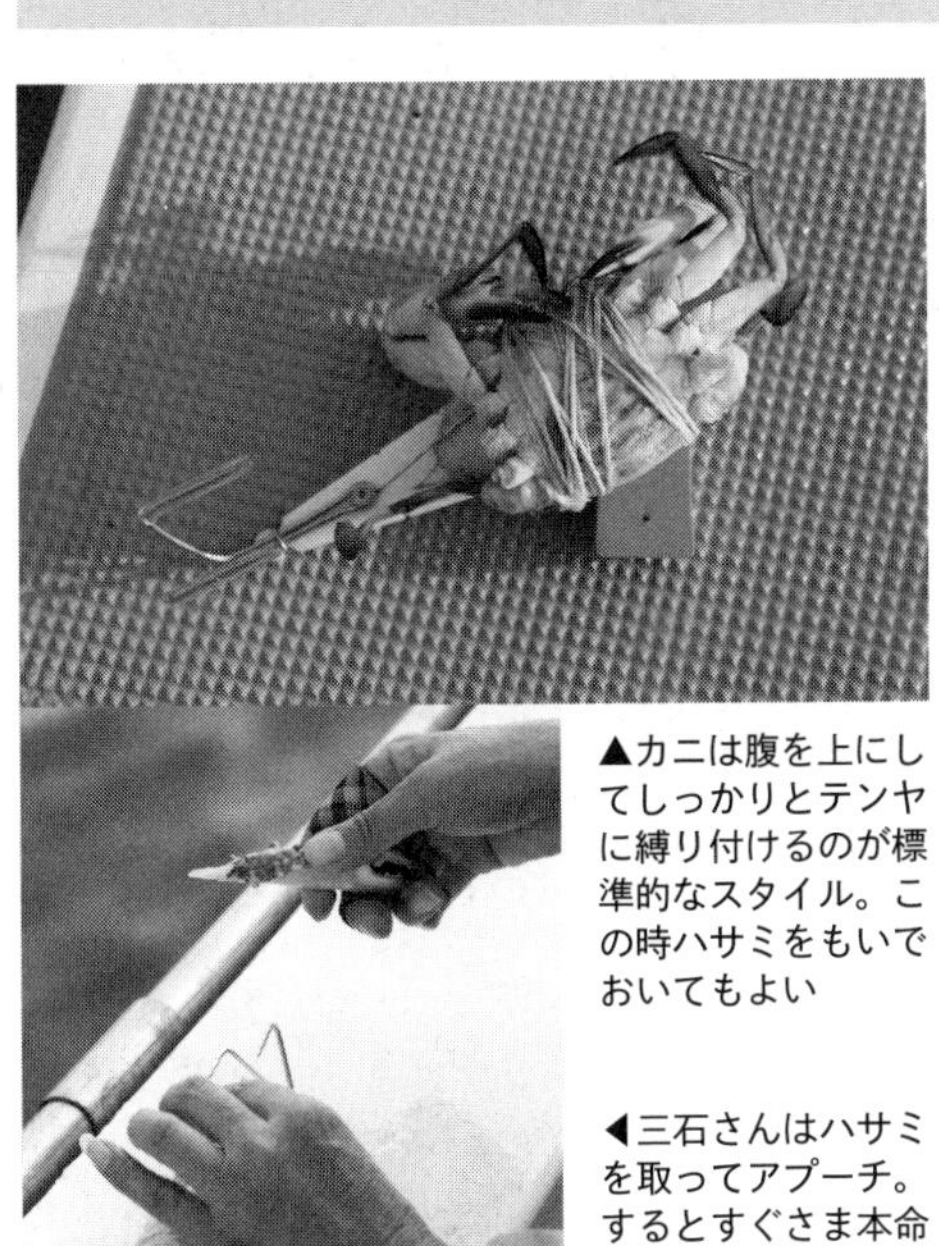

▲カニは腹を上にしてしっかりとテンヤに縛り付けるのが標準的なスタイル。この時ハサミをもいでおいてもよい

◀三石さんはハサミを取ってアプーチ。するとすぐさま本命が抱きついた

く、ウネリや波のある時は乗りを察知しにくい。この日の海況はベタナギで空は快晴。気温25℃を超える夏日の予報と、まさに絶好のマダコ日和といえる。

三石さんとサオをだすのは東京都調布市在住の吉田まこさんと善吾さん夫妻。10年ほど前、釣りを通じて知り合った2人は一緒に釣行することがほとんど。今期初のマダコ釣りと話す。

「美味しい魚が食べたくて釣りをやるようになったんです。タコは大好きで、毎年夏になると冷凍庫に充分なストックができるまで通います。来週も船を仕立てているんですよ」

この日のお客さんはほかに4名。中にはマダコ釣り初挑戦の人もいる。

「マダコは運が7割の釣りです。誰でも釣果が出やすいけど、飽きたら負け。集中力を保つことが一番だいじかもしれません」

と三石さん。乗船後イシガニの巻かれた50号テンヤをレンタル。船宿によっては自前を用意しなければならず、カニを自分で縛らなければいけない。根掛かりでテンヤをロスした時の料金なども含め、事前に確認しておきたい。

フィンガーガードは便利アイテム

指で渋イトを操るこの釣りは指サックが大活躍。シップスマスト「フィンガーガード」は女性の細い指にもぴったり。「従来の指サックはいつも抜けてしまっていたのですが、これなら大丈夫」と三石さんも太鼓判を捺す

日差しの厳しい季節に、女性の肌を守るシップスマストの「UVカットパーカー」。UPF50+の紫外線カット生地製で女性の強い味方

「私のマダコ釣行は沖上がり１時間前からバタバタと乗り出すことが多いんです」と吉田まこさん。背後で微笑むのは夫の善吾さん

江ノ島のすぐ側でズシン！

6時に出船。すると3分も経たぬうちに船は止まって「どうぞ」の合図。腰越港は江ノ島のすぐ脇にあり、釣り場は江ノ島に手が届きそうなくらいの近距離。それでも前日には13バイもの釣果があがっている。

テンヤはなるべく海底から離れないように小突くのがミソ。海底でゴトゴトとカニが踊っているイメージである。

「乗ったのを着実に合わせるのと、なるべく根掛かりをさせないこと。イトが斜めになったらどうしても根掛かりしやすいので、船下を釣ることを心掛けて仕掛けを入れ直すこと。マダコは落ちてくるエサを見ているから、テンヤを入れ直すことで誘いにもなります」

そう言って三石さんはイトが斜めになりすぎないようにテンヤを頻繁に入れ返す。ポイントを2ヵ所ほど転々とした後で、縛られたカニの爪をおもむろにもぎ取った。

「あくまで私のイメージですけど、ハサミが踊っているとタコに威圧感があるでしょ。ナイフを持っている人には近づきたくない（笑）。それと同じ感覚です」

爪のないカニを投入して間もなく、「リーチ！」と一声。乗りを察知した。テンヤを軽く持ち上げるようにアタリを聞き、記者にイトを持たせてくれる。

「分かります？　このブニュッというゴムみたいな引っ張り感」

渋イトを軽く張ってみると、オモリが根に当たるガタッという感触がない。グーンと弾力を感じる。

「早アワセは絶対ダメ。充分すぎるくらい間を取ること。アワセは大きく、イトが太いから水中では結構フケができています。海面近くまで身を乗り出してイトをつまみ、大きく手繰ってください」

そう言うと三石さんはダイナミックにイトを手繰った。すると重量感たっぷりのマダコが浮上。すぐさま船長がタモにすくい取って言う。

「大きいですね！　2kg近くありますよ（笑）」

　三石さんが掲げたマダコは腕をいっぱいに広げて初夏の空に舞い躍った。

「初心者に見られる〝タコ釣りあるある〟は、泡を食ってタコ踊りのように手繰っちゃうことです。そんなに慌てなくて大丈夫ですからね（笑）」

当たりテンヤとは何ぞ？

　テンヤのカニは小突き、根掛かりを外すなどしていると、そのうち足がもげて原型がなくなる。それでもタコは乗る。

「タコが乗ったテンヤはだいじに使ってくださいよ」

　と三石さんは言う。乗ったテンヤは再度マダコがヒットする確率が高く、通称「当たりテンヤ」とも言われる。マダコのヌメリが付くからなのか、要因は定かでないが連発しやすくなるのだ。しかし、期待に反してアタリは遠い。沈黙の時間が続く。

「来たかも！」

　まこさんが宣言する。三石さんが吉田さんのイトをつまみ乗りを聞く。

「怪しいね」

　充分に待って、合わせるとテンヤには幹ごと切れた大きなカジメが付いていた。腰越沖の海底はカジメ林が広がる。これがよく引っ

攻略イメージ

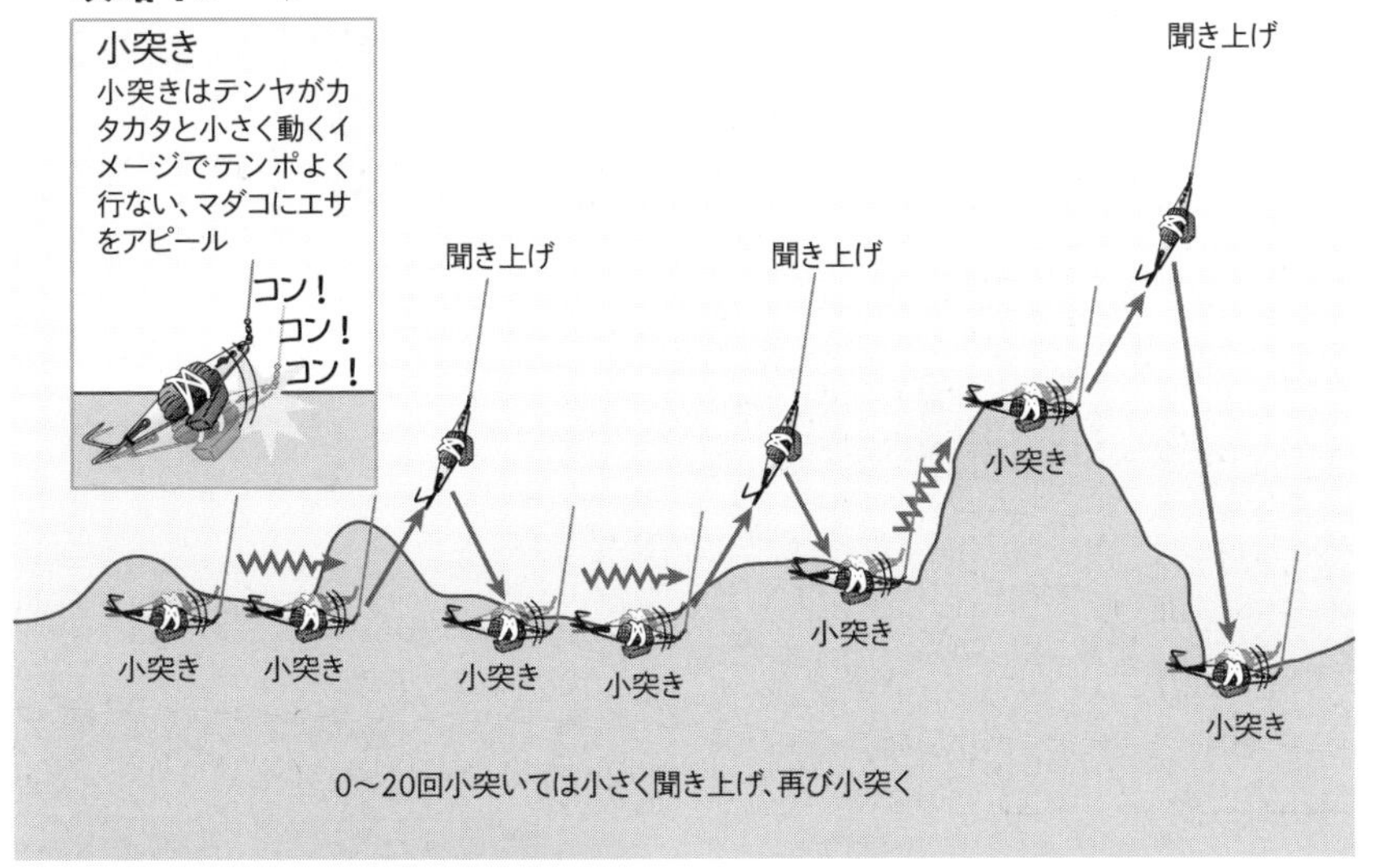

アワセは腕のリーチを最大限利用

太い渋イトは水中でフケている。このフケを取るためにもアワセは大きく鋭く行なう。三石さんは身を乗り出して腕をいっぱいに広げてイトをつまんでから手繰る

マダコが乗るや敏捷な動きで取り込んだ善吾さん

他のお客さんも快調に乗りをとらえた

良型は無理せずタモ入れ
サポートを受けよう

掛かりマダコの乗りにも似る。そこで三石さんは海藻が頻繁に掛かるエリアではテンヤを微妙に浮かせて誘うことも多い。

「特に根掛かりしやすいのは船を回す時です。他のお客さんがガッチリ根掛かりした時には船長が船を回して外すことも多いんです。この時には細心の注意を払ってくださいね」

10時を回った頃から潮の動きがハッキリとした。タコやイカ、軟体系のターゲットは特に潮の動きに敏感といわれる。案の定、船中の各所でマダコがあがりだし、吉田さん夫妻もまずは夫の善吾さんがヒットさせた。

「トントン」「ガチガチ」というテンヤを小突く感触が「ズン」と重くなり、「ムニュムニュ」「ブニブニ」となったのなら合わせ時。いつ来るかという乗りにまこさんは集中した。そして、すっかり日の高くなった沖上がり1時間前に乗りを察知。

2ハイ目をキャッチ！

「来たかも（笑）」

と笑みを浮かべると充分に待って、思い切りよく合わせた。海底に張り付いたマダコを引っぺがす感触があり、落ち着いて手繰るとマダコが付いていた。

「これで私のテンヤも当たりテンヤ。また乗っちゃうかもね～」

と善吾さんに言う。吉田さん夫婦の釣行はいつも真剣勝負。たいていはまこさんが勝ち、喜んでいると善吾さんが「お前の小さいな」とぼそりと文句を言うそうな。このヒットの数分後、再び乗りを感じたのはまこさんだった。

ビシッとアワセが決まると、テンヤにがっちりと抱きつたマダコが強い日差しに照らされて浮かび上がるのであった。

「持ち帰ったマダコは頭を取ってから、もしくはそのまま冷凍してください。そのほうがヌメリも取れやすく身が柔らかくなって美味しいですよ」

と最後に三石さんが教えてくれた。腰越沖のマダコ釣りは例年8月初旬まで面白い。

釣ったタコは網に入れる

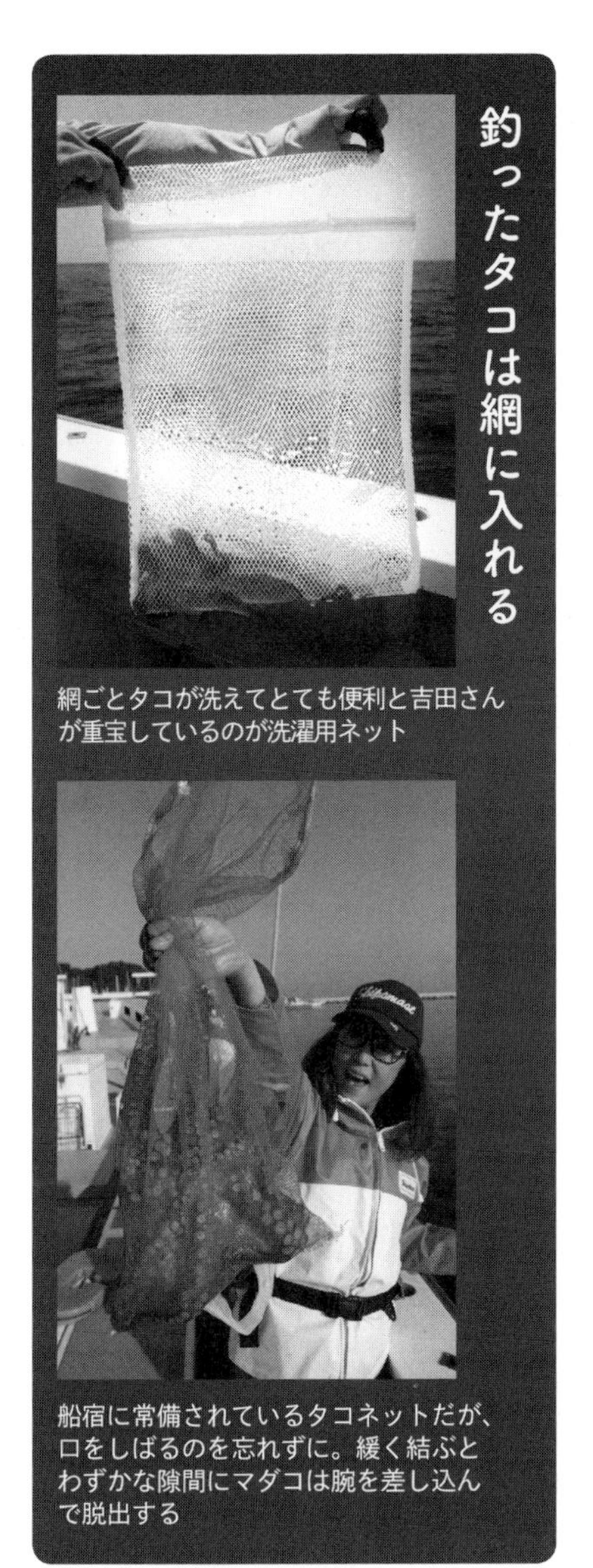

網ごとタコが洗えてとても便利と吉田さんが重宝しているのが洗濯用ネット

船宿に常備されているタコネットだが、口をしばるのを忘れずに。緩く結ぶとわずかな隙間にマダコは腕を差し込んで脱出する

初めての人には橋本浩平船長がレクチャーしてくれる

GUIDE

●問合先：池田丸（☎0467・32・2121）
●乗合料金：9000円。出船6：00、沖上がり13：00
●交通：横浜新道・川上ICで降り、R1で藤沢方面へ。藤沢橋からR467を江ノ島方面へ。R134で腰越港。船宿で受付後、港の左堤防先端へ

FUGU

◎千葉県／外房大原出船／フグカットウ釣り（12月）

旨い冬を盛り上げるカットウ釣りで福来たる！

三石さんの掛けるフグは、ほぼイカリが口もとに刺さっている。これはアタリをしっかりととらえている証拠

さばく手間いらずで楽ちん、楽しい、美味しい！

太平洋に面する千葉県大原は黒潮と親潮が交錯する。マダイやヒラメが舞い踊る海の船釣りの名所で、親切丁寧な船宿が軒を連ねる。そんな大原で、年末年始に花形ターゲットの1つとなるのがショウサイフグだ。旨味が凝縮された肉厚な白身はとても美味。しかも釣ったあとは処理免許を持った船宿が頭を落とし、皮と内臓を取った身にしてくれるので、帰宅後は手間いらずで調理ができる。となれば、当然ながら女性にも人気高い。

年の瀬迫る12月初旬、お世話になった長福丸の出船時刻は午前5時。三石さんは、今井寿美礼さん、金子マミさん、根本みなみさんと船宿を訪れた。根本さんはこの釣り初挑戦。三石さんのサポートを受けられる今回の釣行を心待ちにしていたという。

出船前、4人は船宿の受付でコーヒーを手にくつろぎながら「フグってどんな食べ

ポイント到着後間もなくは、初挑戦の
根本さんに手取り足取りレクチャー

左から金子さん、今井さん、根本さんの
女性船釣りファン

三石さんはエサを器用についばむフグのアタリを
確実にとらえ数をガンガン伸ばしていく

方も美味しいけど、私は空揚げ、刺身、鍋の順番かな」と金子さんが言えば、今井さんは「私は断然鍋派です」と返す。三石さんは「タレに付けて焼くのもいいし、フグ飯も美味しいよ」と、早くも釣行後の食卓で頭がいっぱいのようす。

シャクリの幅はハリスの長さ分

藤井大佑船長は太東沖水深15mラインに舵を切った。多少のウネリがあるものの、波は日中に収まる予報。

ショウサイフグは砂地と岩礁が入り混じる海域を好み、水深50m以浅の沿岸域に生息する。東京湾でも名物のターゲットだが、大原のほうがイージーで釣果は手堅い。20〜30㎝がアベレージサイズで中には40㎝クラスもあがる。地域によっては周年ねらう船宿もあるが、大原は5〜9月が禁漁期間となっている。

大原のショウサイフグはカットウで釣る。仕掛けはオモリと一体になったエサバリの下に、2本のイカリが付いている。船宿では実績の高い仕掛けを購入できるが、根でイカリが鈍ることも多く、交換用のイカリを用意しておくと万全。なお船宿指定のオモリは25号だ。

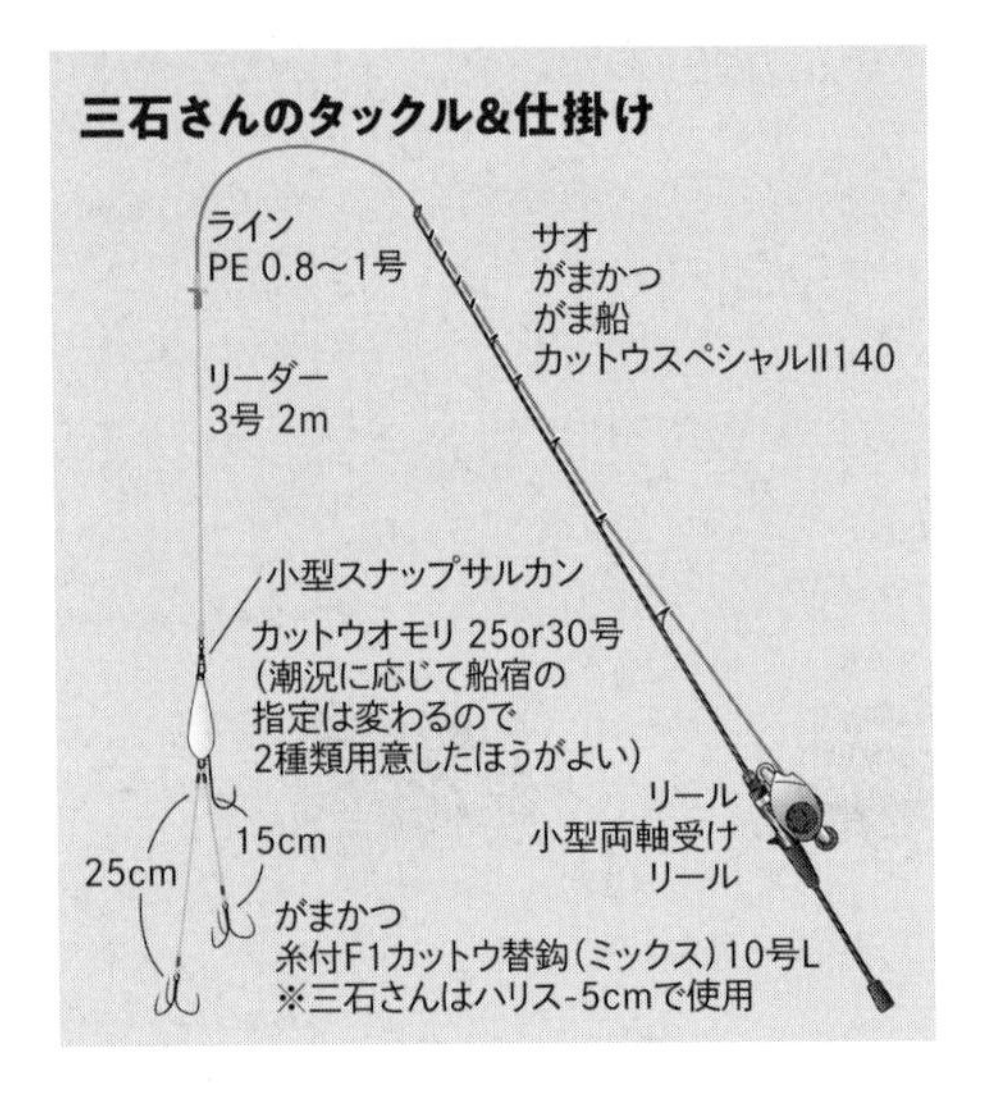

口もとにきれいにハリ掛かりしたショウサイフグ

A／がまかつ『カットウスペシャルII』は1.4mと1.75mの2タイプがある。三石さんは断然短いほうが操作感はいいという。しかしビギナーは長めのサオが操作しやすい
B／オモリは釣果に絡んでくるアイテムのひとつ。三石さんは朝マヅメは夜光、日中はアオヤギカラーの出番が多い
C／エサはボリューミーにたっぷりと付ける。向かって右側はいい例だが左はアオヤギが落ちかかっていて、かつ少ない悪い例。付け方はP104を参照
D／イカリはがまかつ「カットウ替鈎」。三石さんはまめにイカリを変えていた。中でもLサイズの10号を愛用

エサバリに寄って来たフグのアタリをとらえ、鋭いシャクリを入れる。と、跳ね上がったイカリがフグに掛かる。これがカットウ釣りの仕組み。鋭く短いストロークのシャクリを頻繁に繰り返すので、サオは穂先と穂持ちにシャキッとした張りがないとやりにくい。カワハギザオも流用できるが、フグ専用ザオのほうが張りは強く操作しやすい。ミチイトはPEラインの0・8～1号。岩礁帯を釣ることも多いので3号程度のリーダーを1mほど接続すると根ズレに強い。エサはアオヤギを使用する。

「アオヤギはたっぷりと贅沢に付けて」

と三石さんが根本さんにアドバイス。まだ夜が明けきらないうちの1投目、さっそくヒットさせたのは金子さん。幸先のよいスタートに寒さも吹き飛んだ。

専用ロッドは操作性の優れた穂先でなおかつアタリの表現力も優れる

今井さんがダブルヒット！　フグの密度が高くなるとまれにこのようなことがある

「オモリは2種類あるといいですね。暗いうちは夜光、日中はアオヤギに似た茶系。この2色があれば間違いないでしょう」

そんな三石さんの言葉どおり夜光オモリをセットしていた今井さんがコンスタントに釣果を出す。

フグはホバリングをしながら変幻自在に泳ぎ、鋭い歯でエサを器用についばむ。このためアタリが出にくいので、底ダチをしっかり取って、イトをたるめないようにするのが基本。しかし根本さんはウネリで揺れる船上で安定したテンションを保てず苦戦中。

「周りが釣れていても慌てないように。アタリが遠ければエサを長く見せる。オモリを底に付けてエサをフワフワさせてみる。最初はアタリを見ようとしなくてもいいから。この釣りはタイミング、リズムがだいじ。魚が寄って来たと思うころあいに、空アワセをするだけでも釣れちゃうよ」

そう根本さんに助言をするうち、三石さんもアタリをとらえた。

ぷーっと怒ったショウサイフグが船上に引き込まれる。三石さんが手にするサオは、がまかつ『がま船　カットウスペシャルII』の1・4m。レスポンスよく仕掛けを動かせる短ザオだ。ただし、サオが短いほど船の揺れに合わせた操作を大きく行なう必要がある。慣れない人は1・8m前後のリーチのあるサオが船の動きに付いていきやすいだろう。

水平線から太陽が顔を出すと、海面は黄金色に染まった。外房は美しい日の出を拝めるのも魅力。防寒さえきちんとすれば凛とした空気が清々しい。

「大きくシャクって仕掛けを動かすと、寄ったフグから仕掛けが離れすぎる。シャク

最初の1尾でコツをつかんだ根本さんもヒットを連発

リはハリス分の長さをイメージして短く鋭く行なうこと」

　底ダチを取れるようにまで慣れてきた根本さんが、アドバイスどおりのシャクリを入れる。そのうちバットにズシンと衝撃。

「掛かりました（笑）」と巻き上げを開始。抜き上げたのは良型だ。「ナイス！」と三石さん。乗った時の手応えはカットウ釣りの喜びである。

口もとに掛けたい

　船はトモ流しである。ポイントに先に仕掛けが入る潮先ほど有利な釣り座。ミヨシに席を取った三石さんは、キャストして広範囲を探った。穂先の違和感、モタレを確実に掛け合わせると口もと近くにイカリが掛かる。これはアタリをいち早く察知している証拠。このタイミングをつかむのもカットウ釣りの面白さのひとつだろう。

「跳ね上げたイカリが下に落ちるまでに次のシャクリを入れても空振りしやすいのよ。イカリが下に落ちる間をイメージして次のシャクリを入れましょうね」

　と電光石化の鋭いアワセを決めていく。

　日が高くなると気温も上がった。朝からコンスタントに釣り続ける今井さんが驚きの声を上げた。

「ダブルです！」

　と抜き上げた仕掛けには、2本のイカリともフグがヒット。魚の活性は最高潮で4人のうち誰か1人が途切れることなくフグを掛けた。

　そのうち根本さんのサオがフグとは違う重量感で曲がり、グイグイと絞り込まれた。サメか？　との声もあがったが、海面に茶色い大判が見えてきた。

「いいサイズのヒラメですよ！」

　と藤井船長がすくい取った。

「どうしましょう（笑）」と喜びながらもとまどう根本さんに「これは旨いゾ。よかったね」と三石さん。「もってるねえ」と金子さんが言えば「ヒラメが釣りたくなってきた」と今井さん。活気づいた船上で4人は最後まで集中し、ビシバシとフグを乗せていく。

　近年の船釣りシーンは女性ファンが増えているのは間違いない。新鮮で美味しい魚が手に入るのはもちろん、海を眺め魚と対

良型を乗せる金子さん。女性の船釣りファンを増やす釣りサークルTLCを主宰

2.2kgのヒラメが根本さんの仕掛けに掛かる。これには三石さんもびっくり

ショウサイフグの刺し身はもみじおろしとポン酢が合う。少し肉厚に切ったほうが味が楽しめ、さらに２～３日寝かせると濃厚な旨味を引き出せる

ふっくらとした白身は鍋の具にもぴったり。昆布などに加えてフグの中骨もダシにするとよい

漬け焼きも簡単で美味しい。濃口醤油に酒とみりんを少し混ぜたタレにフグの身を浸して焼くだけ。中骨周りがこれまた旨い

話をする非日常も心地よいし、引き味やアタリの妙にハマる人も当然いる。大原のショウサイフグは食味、景色、釣趣これらの魅力すべてが詰まっている。なお、長福丸は女性限定の割引サービスも実施しているので気軽に挑戦してほしい。

怒ったフグも愛嬌がある。根本さんは「かわいい」と言って熱心に写真を撮っていた

GUIDE

●問合先：長福丸（☎ 0470・62・0603／080・1278・0603）
●乗合料金：9000 円（エサ別）。出船 5：00、沖上がり 11：00。アオヤギは 1 パック 500 円（要確認）
●交通：圏央道・市原鶴舞 IC を降りて R297 で勝浦方面へ。船子交差点を左折して R465 でいすみ方面。大原の交差点を直進し、突き当りの港を右折ししばらくすると長福丸

▶この日、三石さんと今井さんは 40 尾超えの釣果をあげた。ザルに移したフグは帰港後に船宿が手早く身をさばいてくれる

エサ加工でさらにアタリ三石流・繊細フグカットウ釣り！

掛けるまでの駆け引きに熱くなるフグのカットウ釣り。三石さんはこの日も好調

年明けも好調なカットウフグへ

年明けの初釣り。成人の日の休日、三石さんがやってきたのは、この時期外房大原で恒例のフグのカットウ釣りだ。大原沖や東京湾で船釣りのターゲットとなるフグは2種類いる。メインは肌がツルっとしているショウサイフグ。もう一種類は岩礁帯に多い、通称アカメフグだ。アカメフグの正式名称はヒガンフグ。こちらは肌がザラザラしており、大原では日によって釣れる。この日は結果的にショウサイフグオンリーとなった。ちなみにショウサイフグとアカメフグ（ヒガンフグ）は、美味しさは甲乙付けがたいものの、食べられるまでの時間に大きな差がある。

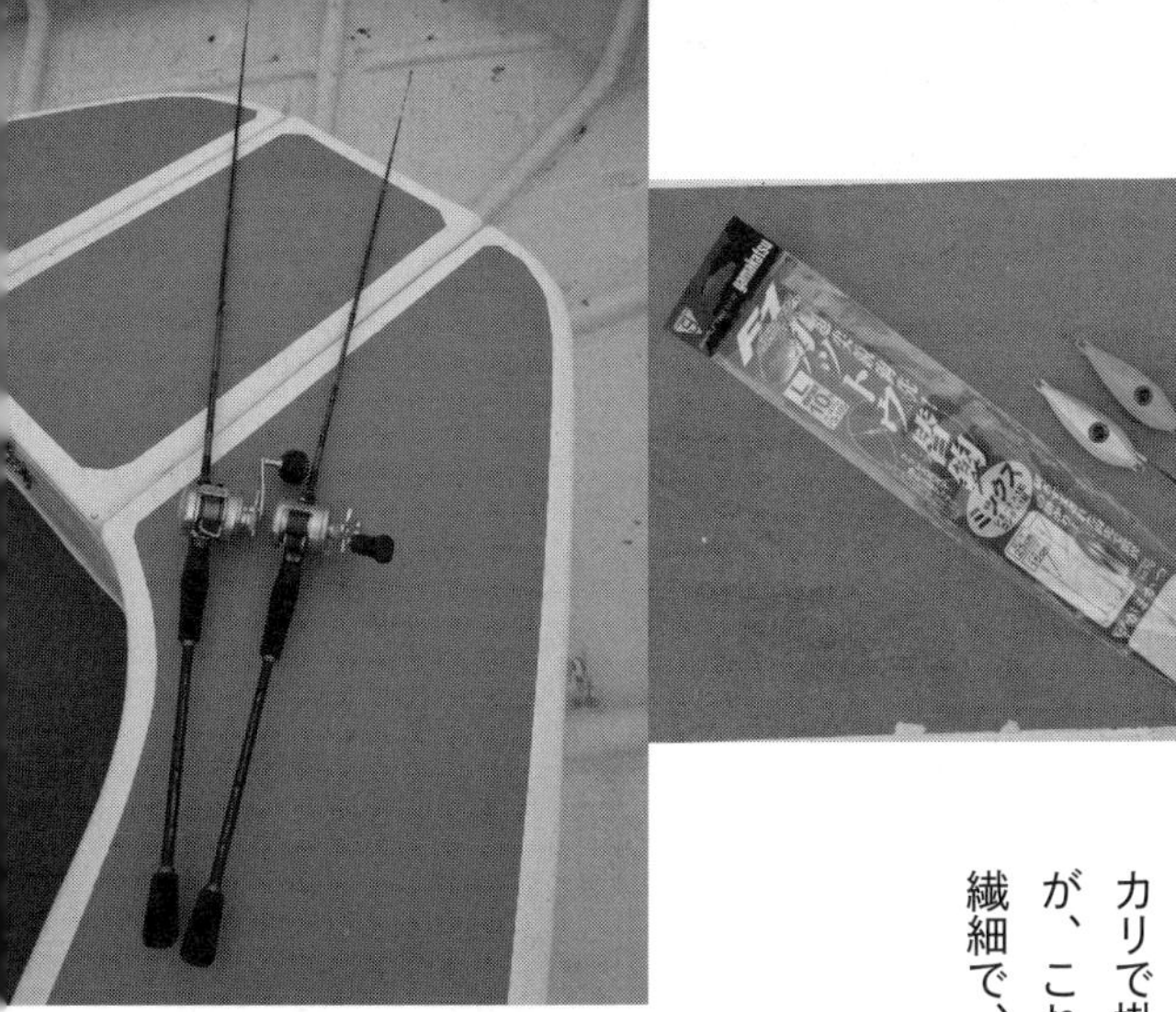

サオは「がま船　カットウスペシャルII」。浅場メインでウネリもそれほど大きくなかったこの日は 140 が特に活躍した

この日のエサバリ（オモリ）はハヤブサ「目玉カットウシンカー 2」25 号。ここにがまかつ「糸付 F1 カットウ替鈎（ミックス）」をセット

ショウサイフグは釣ったその日から食べられるが（2～3日寝かせても美味しい）、アカメフグは肉に旨味が出るまで1週間ほどかかるので、しっかり寝かせてから食べる。

さて、この釣りは船釣りビギナーにも挑戦しやすいのが特徴だ。外房でも東京湾でも、釣ったフグは処理免許を持った船宿が、帰港後にまとめてさばいて身の状態（身欠き）にしてくれる。小骨がなく筋肉質な身は家に帰ってからの調理も簡単だ。

そして「カットウ釣り」そのものの面白さ。エサで寄せたフグを、3本イカリで掛け合わせるのだが、これがやってみると繊細で、それでいて難しすぎず、でも難しい時もあり、いつの間にか夢中になる。サオは専用ザオが使いやすいが、硬めのカワハギザオも流用可能。「カットウ釣りっていうと、引っ掛けるギャング釣りと思う人が大半でしょ。でも本当は繊細なのよね。そこが理解できると釣果もぐんとアップしますよ」と三石さんは語る。

三石さんのタックル&仕掛け

ライン
PE 0.8～1号

サオ
がまかつ
がま船
カットウスペシャルII140

リーダー
3号 2m

小型スナップサルカン

カットウオモリ 25or30号
（潮況に応じて船宿の
指定は変わるので
2種類用意したほうがよい）

リール
小型両軸受け
リール

15cm

25cm

がまかつ
糸付F1カットウ替鈎（ミックス）10号L
※三石さんはハリス-5cmで使用

ツルリとしたショウサイフグがメインターゲットだ

アワセの幅は短くコンパクトに。サオを大きく動かしすぎない

外房のカットウ釣りでは、エサはアオヤギを使う。船上で配られるアオヤギ3～4つをオモリと一体になった大きなエサバリに縫い刺しにするが、エサもハリも大きいので作業自体は簡単だ。ただし、付け方で釣果に差が出るので、正しい方法をしっかりと押さえておきたい。

釣り場の水深は15～20m。中層をねらうことはなく、釣り方は底付近での誘い上げと誘い下げが基本になる。たっぷりのアオヤギを海底近くで上げ下げしていると、フグが近寄って来てホバリングしながら齧

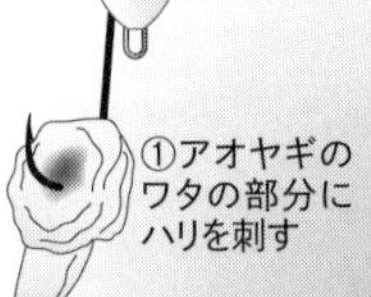

①アオヤギのワタの部分にハリを刺す

②身を一度ひねってからベロの部分にハリを刺す。この作業を余分なタラシがなくなるまで1～2回繰り返す

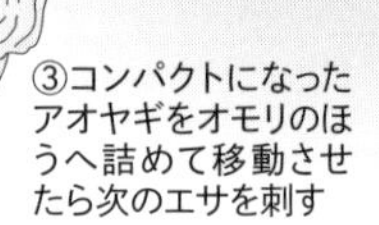

③コンパクトになったアオヤギをオモリのほうへ詰めて移動させたら次のエサを刺す

④3～4個のアオヤギをハリがいっぱいになるまで刺し、最後の余りも外に飛び出さないようにしたら完成

アオヤギは3～4個を詰めて刺して行く

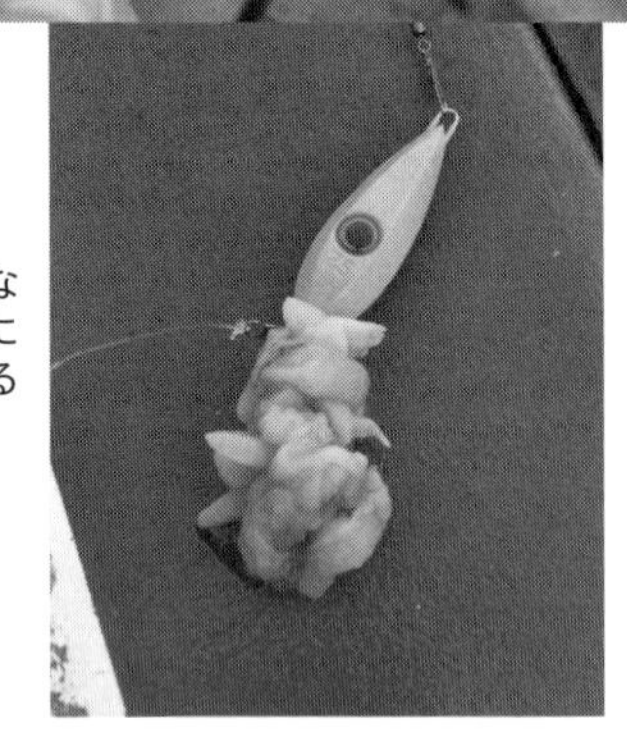

▶余分なタラシがなるべく出ないようにコンパクトに付けるのがミソ

アワセの幅は小さく……

●問合先：長福丸（☎0470・62・0603／080・1278・0603）
●乗合料金：9000円（エサ別）。出船5：00、沖上がり11：00。アオヤギは1パック500円（要確認）
●交通：圏央道・市原鶴舞ICを降りてR297で勝浦方面へ。船子交差点を左折してR465でいすみ方面。大原の交差点を直進し、突き当りの港を右折ししばらくすると長福丸

これくらい！

乗りがあればそのままサオを立ててフォロー

いつも穏やかな藤井大祐船長

る。このアタリを感知して、タイミングをみてハリがフグを捉えるように掛け合わせるわけだ。

「この釣りは〝タイム釣り〟もありです。タイム釣りっていうのは、アタリをとらずに、一定時間ごとに魚が寄ってきているものと仮定して空アワセを入れることね。それでもたしかに釣れるんだけれど、アタリを出

釣り方のイメージ

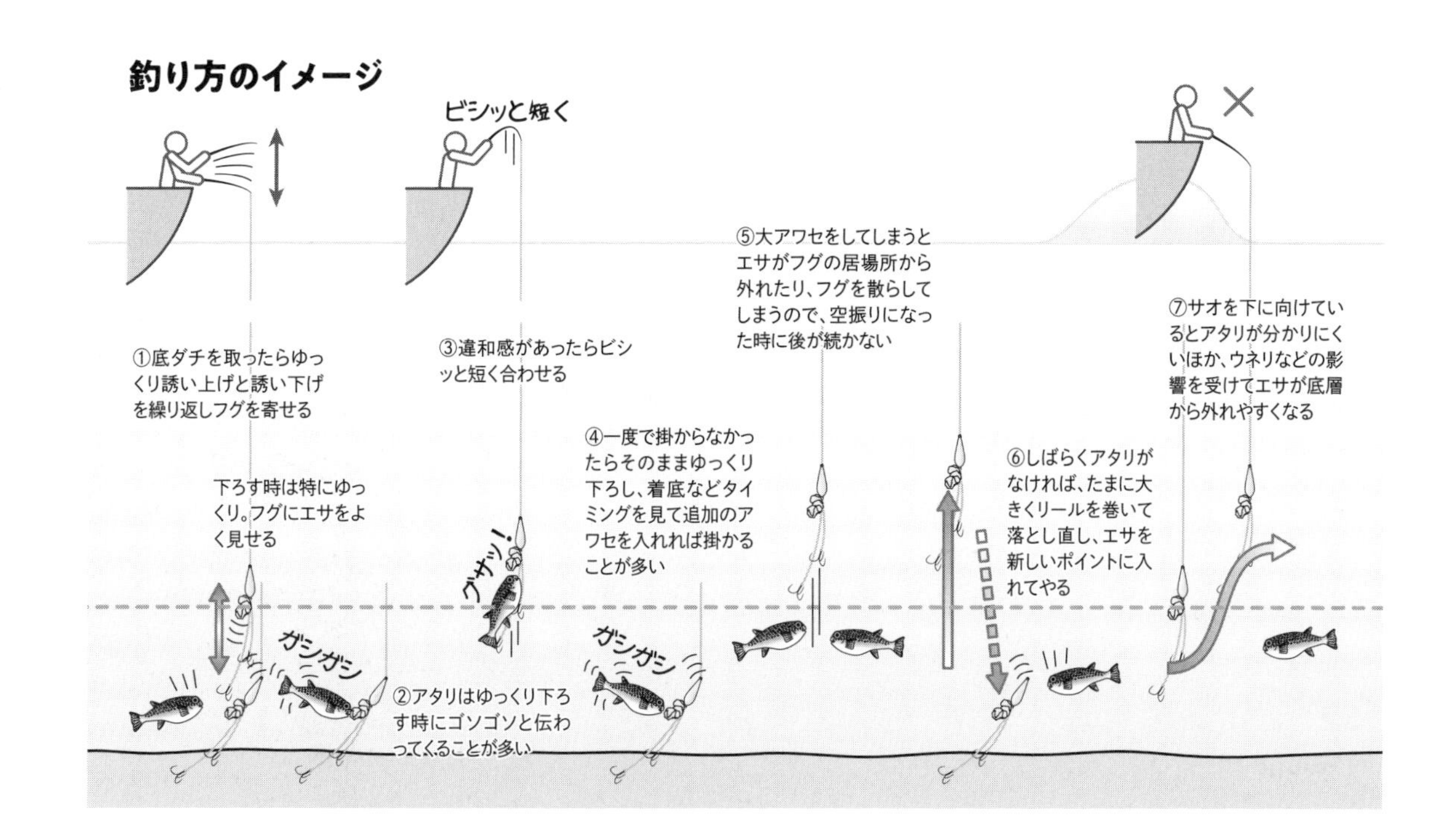

せるともっと面白い。いずれにしても、まずはアワセでサオを大きく動かしすぎないことがとっても大切です」と三石さん。

特にビギナーの場合、引っ掛けるイメージにひきずられ〝エイッ〟と大きく合わせる人が大半だという。対して三石さんは、多くの場合まず釣り座に腰を下ろし、そこからサオを低めに構えて、ウネリの影響も考慮しながらサオをじっくり上げ下げする。特に下げの時にゆっくりと下ろすようにしてフグを寄せる。「なるべく仕掛けを安定

丸っこく遊泳力のあるフグは掛けたあとの手応えもよい

座って身体のブレを抑え、サオ先と仕掛けから余分な動きを排除することでアタリが出やすくなる

アオヤギエサをパワーアップ

▶アオヤギは乗船前に船の横で購入。足りなくなれば船内で追加購入できる。冷凍されたものがほどよく解けたところでまず「バクバクソルト」を全体に振りかける

この日使用したのはマルキユーの「バクバクソルト（中）」と「ウマミパワー（右）」

割り箸を準備しておくと便利。パウダーが全体になじむように混ぜ合わせる。ほどよく締まるまでその都度パウダーを追加していけばよい

さらに好みで「エビ」「イソメ」「カキ」の「ウマミパワー」を追加

こちらも量は好みでOK

左下の色の薄いものが何も加工していない状態のアオヤギ。色の濃いものが加工したもの。加工したものは集魚効果がアップするのはもちろんハリ付けも非常にスムーズ

カットウバリは手にも刺さりやすいので、フックタイプのハリ外しやプライヤーを使おう

上／釣ったフグは足もとに泳がせておけば、帰港後に船宿がさばいてくれる

下／この日は後半から調子が上がってきた

させることでアタリが出ます。そこからは、ツンと小さく動かして合わせる。上のカットウバリが15㎝も動けばフグには刺さります。小さなアワセにしておけば魚が散らずに1回目で掛けられなくてもアタリが続いて、2回目以降で掛けられる。大きく合わせると掛け損ないも増えるし、そもそも仕掛けを動かしすぎてアタリを出せない悪循環に陥ることが多い。ここポイントです！」

なお、三石さんはフグの活性がそれほど高くない場合、短いほうの掛けバリ1本の仕掛けで釣ることも多い。「それも私がアタリを取って釣るスタイルだからですね。それならエサバリと掛けバリ1本で全く問題ありません」

エサの加工で集魚効果を大幅アップ！

「フグの釣りとカワハギの釣りってとても似てるんですよ。そもそもフグとカワハギが仲間でしょ。水中でホバリングするエサ取り上手を寄せて釣る。そこでおすすめなのがアオヤギの加工です。基本は身が締まって集魚効果もアップするパウダータイプを利用すること。エサ付けもスピーディーになってこれだけでもOK。さらに好みで旨み成分を足してやるのもいいですね」

この日は出船直後からたまにミゾレ混じりの雨雲も通過するあいにくの天気で低気温。ポイントは根掛かりを気にせずに釣れる砂地だったが、フグ船担当の長福丸・藤井大祐船長いわく、前半戦は「水色は濁り気味でフグには悪くないんですが、潮が動かずちょっと苦しいですね。風を使ってなんとか船を流しています」という状況。三石さんもサオだし直後から連発とはいかなかったが、冷凍アオヤギの解凍が進んできたタイミングでエサにしっかり加工を施した。するとそこから2連続、3連続とキャッチが続く場面も増えて「やっぱりエサの力は大きいよね！（笑）」と効果を実感することとなった。

沖上がりの午前11時まであと1時間半ほどという後半は、それまでの太東沖から大原沖の別の砂地ポイントへ大きく移動。こちらは、潮は澄んでいたものの適度に流れていた。すると三石さんがスパート。ひと流しごとにコンスタントに数尾のショウサイフグを掛け合わせていく。船長も「やっぱり三石さんはすごいですね～」と改めて驚いていた。終わってみればサオ頭でもある25尾の釣果。大原のフグのカットウ釣りは毎年3～4月頃まで楽しめる。レンタルタックルでのチャレンジも可能なので、ぜひ気軽にトライしてほしい。

「これが初釣り！」という三石さんは25尾でこの日も船中トップ

KINMEDAI

◎静岡県／伊豆下田須崎出船／キンメダイ釣り（5月）

高級魚が鈴なりの快感！ディープに楽しむキンメの深海釣り

新島をバックに8連掛け！

専用タックルもレンタルなら手軽

初夏の日差しが気持ちよくなってきた5月上旬。三石さんがやってきたのは、静岡県下田須崎港の番匠高宮丸。一年を通じてキンメダイ専門の乗合船を出している人気の船宿だ。下田から近い新島沖の深場では3kg近い良型のキンメもねらえ、「地キンメ」「新島キンメ」などと呼ばれて食味の評価も非常に高い。

そんなキンメダイの釣りは、水深500mほどの深海がポイント。特殊な環境に棲むブランドお宝魚を、船長と釣り人が息を合わせてねらっていく。

「すべての道具をそろえようと思ったら深海釣りは大変！　でも最近はしっかりした道具をレンタルで借りられる船があるから、初挑戦ならまずはそんな船宿さんに行ってみることがおすすめです」と三石さん。

小澤長夫船長と奥様の範子さんが息を合わせて切り盛りする番匠高宮丸もそんな船宿の1つ。まずは宿のレンタルタックルで面白さを知ったうえで、自前のものを購入する人も多いそうだ。

三石さんが使ったのは、サオがオモリ負荷250～300号程度のキンメダイ用グ

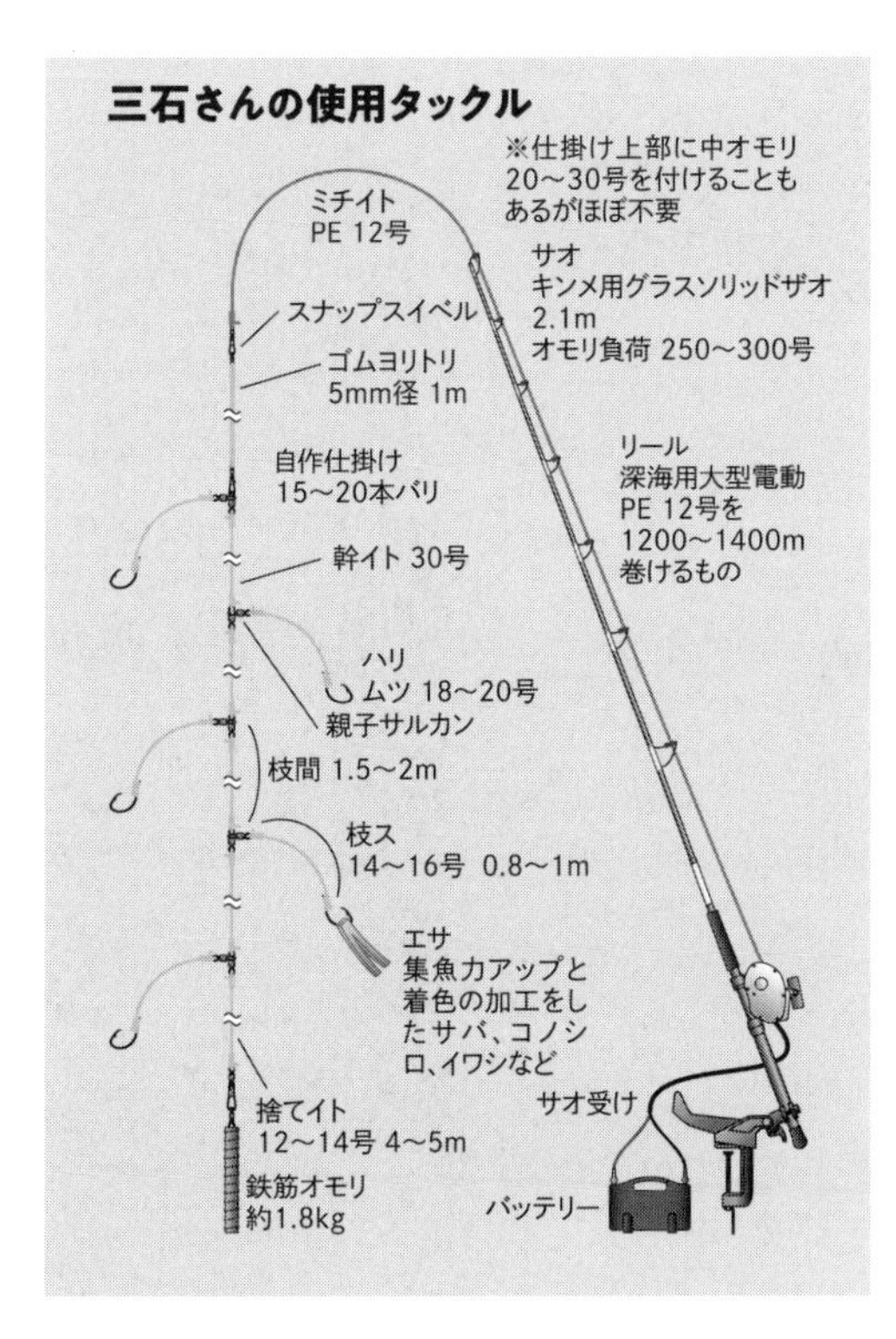

釣りたてのキンメは目が黒い。時間が立つと色が抜けて透明（金色）になる

◀仕掛けは仕掛け枠にセットしたものを投入回数分用意（レンタルあり。自前の場合は予備もあると安心）。ハリにエサも付けておき、投入が始まったら斜め45度下に向けて仕掛けを放出する

◀捨てイトに付けるオモリは鉄筋製。1.8kgほどある

這わせ釣りはオモリを底から離さず、一方でイトを緩めすぎないようにスプールを手で押さえて加減しながらイトを送り出して行く

タックルは深海釣り専用モデルが必須。這わせ釣りの際はオモリは根掛かりしているが、根起こしといってリールの巻き上げパワーでそのまま捨てイトを切る。切れなければドラグを完全に締めて船の移動で切ればOK。いずれにしても充分なイト巻き量とパワーが必要だ

ラスソリッドザオ。リールはPE12号を1200〜1400m巻いた大型電動リール。仕掛けは自作15〜20本バリ仕掛け。これに船で渡される鉄筋オモリ（約1・8kg。船代に含まれる）を付けて深場に落とし込む。ちなみに新島沖のキンメダイ釣りには規定があり、ハリ数は最大20本。1日の仕掛け投入は最大で8回までだ。仕掛けは1回ごとに使い捨て（回収はするのでハリやサルカンなどのパーツは再利用できる）になるので、自分で用意する場合は、最低でも投入回分は必要。トラブルも考え、投入回数分＋3組ほどあれば安心だ。

「今のは食っているでしょう～」と流している間は妄想タイム。これが楽しい

キンメダイは海面からでも逃げることがあるので、取り込みは手で行なうがタモのサポート（下で構えて外れた時にキャッチ）も受ける

エサは魚やイカの切り身。集魚加工で効果アップ！

クーラーさえあれば、手ぶらで来ても釣りができるキンメダイだが、ぜひ試したいのがエサの工夫。キンメダイ釣りのエサには、サバの身エサ、イカ短、シャケ皮などが使われる。いずれもスーパーなどで購入し、自分でカットして持ち込めばよい。これらを多数のハリにチョン掛けするが、種類や色に応じて、不思議と当たりエサが出ることがよくある。よく釣る人ほど、実はエサにこだわっているというのは、キンメに限らず深海釣りのセオリーだ。「匂いや集魚成分によるエサの加工には間違いなく効果があります」と三石さん。この日はサバ、コノシロ、イワシを多彩に加工して臨んだ。さらに「東北のカレイ釣りで実績のある隠し玉もありま～す」と準備していたのは、人工エサである「パワーイソメ」の極太タイプである。

三石さんは身エサ＆人工エサをミックス。色の変化も誘いになる

GUIDE

●問合先：番匠高宮丸（☎0558・22・0725）
●乗合料金：男女・女性同士・親子（男子は小学生以下）ペア2人で1本ザオ共有なら料金は1人分などビギナーも大歓迎のキンメ乗合船を実施。新島・利島沖キンメ釣りの乗合料金は1万9440円。タックルのほか仕掛けやエサもすべて付くオールレンタル乗合セットは3万240円
●交通：天城北道路・大平ICから天城峠を越え下田方面へ。大平ICから1時間ほどで須崎漁港

エサ作りのバリエーション

三石さんは複数のエサを用意。こちらは左からコノシロ、イワシ、サバの短冊を、「アミノリキッド」と「アミノ酸α」で集魚力アップしたもの。前夜から漬けこんで当日朝にハリにセットした

オレンジ色を付けるバリエーションには、「バクバクソルト」＆「アミノ酸α」。深海釣りでは赤や青といった色の違いが効果的なこともある

アミノリキッドにウマミパワー（左からカキ、エビ、イソメ）で着色すれば集魚力アップに加えて茶、赤、緑のカラーバリエーションが完成

朝イチの1尾目はエビ加工したエサに来た

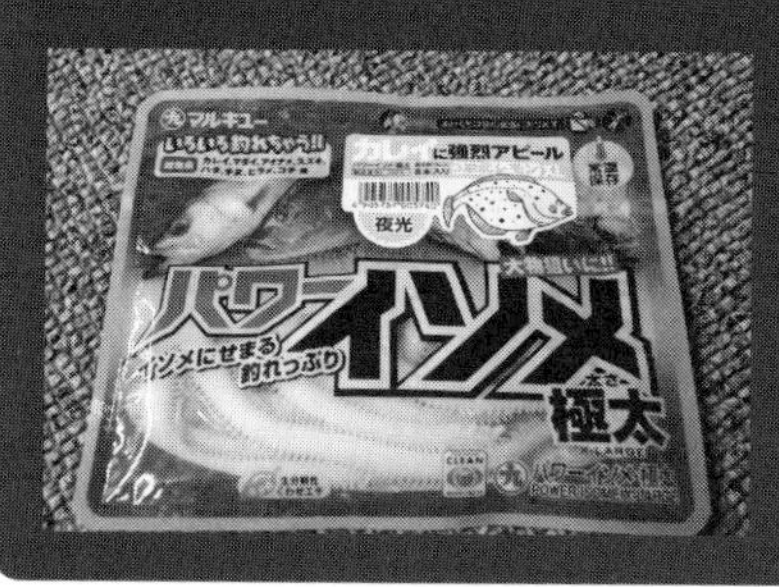

予想以上に効果的だったのが人工エサのパワーイソメ。この日は北海道限定のレモンイソメを使用

張らず緩めずの送り出し加減がキモ

キンメダイ釣りでは片舷にすべての乗船者が並び、船長の指示でミヨシから順に仕掛けを投入していく。各自がトラブルなく仕掛け投入や巻き上げを行ない、数百m先

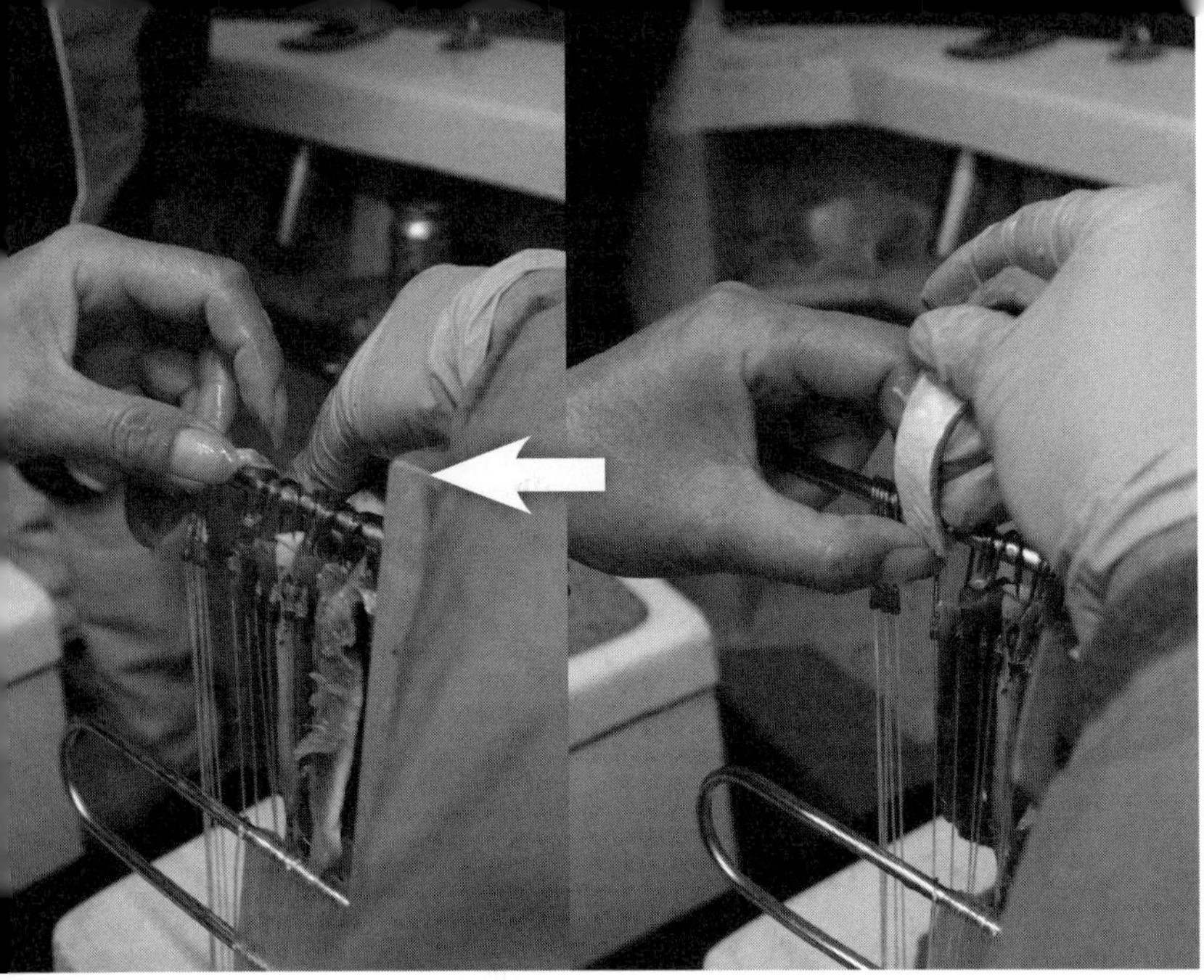

エサは仕掛け枠にセットされた状態のハリに付けていく。
端の真ん中にハリを刺し、そのまま向こう側に倒せばよい

の海底を並んでねらってもオマツリが起きないようにすることがとても大切だ。トラブルで投入できない時は「1回休み」を守らなければならない。

出船は午前3時40分。釣り場までは港からゆっくり走って1時間弱。移動中は船内のベッドで寝ていられる。第1投は午前4時半過ぎ。水深350mの利島沖だ。この日、大ドモに釣り座を構えた三石さん、まだ薄暗い空の下、なんと最初の流しで1尾目をゲットした。エサは「アミノリキッド」と「ウマミパワー　エビ」で味&色付けをしたコノシロ。ほかには胴の間で型が見られた。その後、船は少しずつポイントを変えながら、全員での仕掛け投入と巻き上げを繰り返す。水深480mをねらった第2投目ではミヨシから3人目のお客さんが2kg超の〝これぞ新島サイズ〟もキャッチ。そして三石さんに好釣果が出たのが3投目。水深400mのポイントだった。

深海釣りの基本的な釣り方は、オモリで底ダチを取ったら、あとは海底の起伏に合わせてマメに底を取り直しアタリを待つというもの。ただ、この日の釣りがそうだったように、新島沖のキンメ釣りでは、そのほかに「這わせ釣り」がよく行なわれる。この日の船長のアナウンスでいうと、「底を取ったら最初のアタリが来るまでは仕掛けを立てて待ってて。1尾掛かったら、そこからはオモリが底を離れない程度にゆっくりイトを出して行って。サオ先が曲がらないくらいのテンションでいいよ」などというもの。指示の内容はその時の潮の状況によって変わるが、キンメがいる層で仕掛けを適度に這わせ、長い仕掛けに追い食いを重ねるのがねらいだ。最後は頃合いを見て船長が巻き上げのアナウンスをするので、ミヨシから順に仕掛けを上げて行く。

「キンメ釣りって、妄想が楽しい釣りなんですよ。仕掛けを下ろして這わせ始めたあとは、〝今のは乗ったな〜〟とある程度のアタリは分かるけれど、正確に何尾付いたかは最後に仕掛けを上げてみるまで分かりません。そこを青く広い海とサオ先を眺めながら想像して、エサも工夫して、ズラズラッと真っ赤な魚が青い海に浮かんだ時はもう快感！　一度味わったらやみつきになりますね（笑）」

3投目の回収では、イトが残り100m

日が高くなった後半は型もアップ！

這わせ釣りの方法

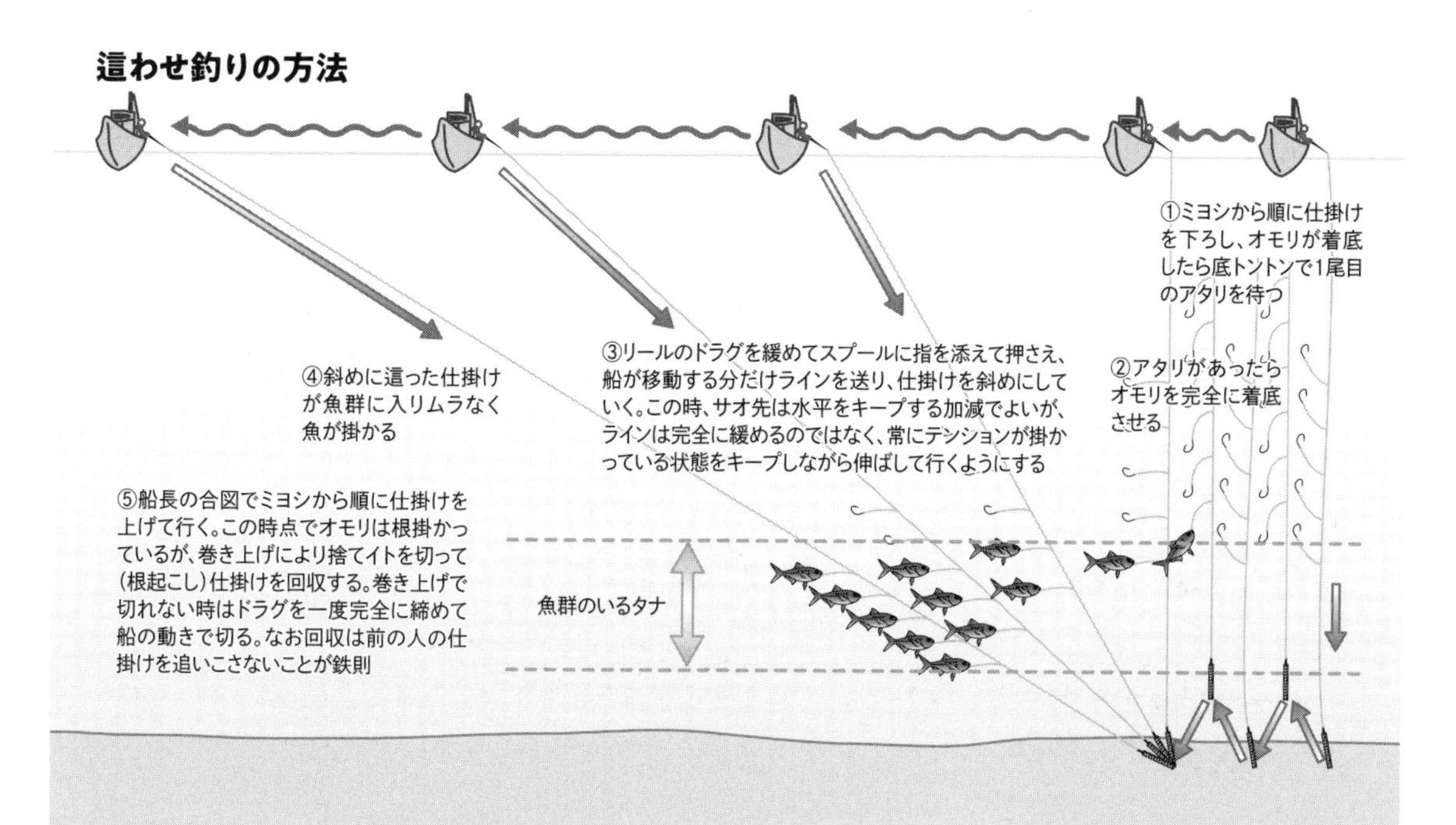

を切ってもまだサオ先がガンガン叩かれた。「キンメじゃないのかな?(サメの奪い食いなども起きるのが深海釣り)」と思いきや、なんと8連掛け。すっかり日の上がったブルーの海に次から次へとルビーが浮かぶ。しかも数本配置していたパワーイソメにも良型を含めて数尾が掛かっていた。「私もキンメダイ釣りでパワーイソメは初の試みだったんですけど、これはすごい!」と新発見である。

結局、規定の8投が終わったのは午前11時過ぎ。船全体では30～57㎝のキンメダイがオデコなしで全員に釣れ、三石さんはトップに1尾差の16尾と充分な釣果だった。オールレンタルも可能なブランドキンメの釣り。日常を離れた大海原を舞台に自分だけの得エサも用意して、ぜひ好釣果を味わってほしい。

この日の三石さんの釣果。炙り、刺し身、しゃぶしゃぶ、煮付けと何にしても美味しい

SPECIAL INTERVIEW

私の船釣り 1万字インタビュー

横浜・大阪で開催されるフィッシングショーでも軽快なトークは毎年人気

船釣りファンの間で、「姉（ねぇ）さん」の愛称で親しまれている三石忍さん。雑誌はもちろん、フィッシングショーなどの舞台でもお馴染みの軽快な語り口やズバッと端的なアドバイスは、どこから生まれるのか？　自身が船釣りを始めたきっかけ、上達のコツ、さらに入門者に贈るアドバイスなどを、月刊『つり人』編集部が聞いた。
（2018年11月収録）

――この本の冒頭でも少し紹介していますが、三石さんはいつから船釣りを始めたのですか？

三石　28歳の時ですね。もともと釣りは好きで、大人になって関東に引っ越してきてからも、渓流の管理マス釣り場とかには行っていました。でも、海の船釣りもずっとやってみたいと思っていました。

出身は海なし県の長野です。地元ではフナ釣りとかもしていて、今思えば「釣りはフナに始まる」を実践していましたね。でも子どもの頃から、地方への家族旅行とかに行くと、海釣りも喜んでやっていました。ちっちゃい宿で小舟を持っているところなら船に乗せてもらったり、宿のすぐ横でサオをだしたり、もちろん港や堤防に行くのも好きだったですね。ともかく機会があれば、見よう見まねで釣りは楽しんでいました。

だから、大人になってからも船釣りに興味はあったんですよ。そんな折りに、当時のボディーボード仲間の一人が、都内にある釣具店の店員だったり、もう1つやっていたウエイクボードでも、自分よりずっと若い女子高生の友だちがいたんですけど、その子のお父さんが船釣り好きだったりして、そのうち船釣りにも行けることになったんです。

本当の初めては、たしかヤリイカだったと思うんですけど、もしかしたらマコガレイだったかもしれません。いずれにしても、その頃はヤリイカだと一投一仕掛け。タックルも今みたいにライトなものじゃなくて、けれども午後船で初めてのイカ釣りに出掛けて、なんと30パイとか40パイとか釣れました。ただ、道具は重いし、仕掛けは船の上でしっちゃかめっちゃかで、これは続けてやるのは無理だな～って思いましたね（笑）。

それで、次に出掛けたのがタチウオ釣りでした。そしたら年配の方がたくさんいてね、でも私よりはるかに釣るわけですよ。「えっ、なんで私釣れないの?」って。それで負けん気が強いから通うようになりました。

――その船宿はどこだったんですか?

三石　この本の中では、ビシアジ釣りでお世話になった、神奈川県新安浦の「こうゆう丸」さんです。船長は荻原裕司船長。こうゆう丸さんはアジ釣りも人気ですけど、昔からタチウオも熱心なんですよ。

それで通い始めたんですけど、すぐにおかしいなと思い始めたことがありました。沖上がりになると、だいたい全員に船長が釣果を聞きに行きますよね。「今日は何尾釣れました?」って。でも、私はなぜか毎回、船長にスルーされるんですよ。初めはその意味が分かりませんでした。そもそも船釣り自体がビギナーだったから、なんで船長が数を聞いて回っているのかも理解していませんでした。

それである日、釣具店員の友だちに「数聞かれないんだよね」ってぽろっと言ったら、それは船長がその日の釣果報告のためにやっていることなのだと。それで、釣果報告というのは、基本的には一番上と下のスソの人の数を載せるものなんだよって。だから、船長は、基本的にはよく釣っていそうな人たちと、逆に一番釣れていなさそうな人が、なんとか釣ってれくないかっていうことところを、冷や冷やして見ているもんなんだよと説明されて。なるほどと思いましたけど、つまりそれは、自分が「よく釣れていそうなお客さんたち」には最初から入っていなかったってことですよね。それで「私はいつか、この船長に数を聞いてもらいたい！」と思うようになって（笑）。それですっかり、タチウオ釣りに通い始めちゃったんです。

東京湾のタチウオ釣りを徹底して練習したことが、船釣りの基礎体力を作ってくれた

――そこからは、どんなふうに上達していった?

三石　最初はなにしろ道具がないじゃないですか。私も通い始めてしばらくは、レンタルロッドを毎回借りていました。それでも、午前船なら早い時間に上がれるから、平日も含めて週に2回とか3回とかは宿に行くようになったんです。

すると通っているうちに、裕司船長が、「うちのレンタルロッドもいいんだけどさ、釣りザオには専用ザオっていうのがあるんだよ。今日は

俺のを使ってみろ」って言ってくれて。それがシマノの「幻波タチウオ280」っていう、お店のレンタルザオに比べると、硬めで長めの専用ザオだったんですよね。

　それで使ってみたら、それまでと比べものにならないくらいアタリがよく分かる！　今思えば、レンタルロッドのほうもそれはそれでいいアクションなんですけど、当時の流行からすると、そっちは少し短めで軟らかめだったんですね。だからアタリが吸収されて、自分にはその微妙なアタリが取れていなかった。それが船長のサオを借りたら、とたんに面白いようにタチウオが掛かり始めた。

　そしたら船長も喜んでくれちゃって、でも「手返しが悪い」からって、途中から私の両サイドに中乗りさんを助手で付けてくれた。そして「今日はこいつを釣らせるぞ！」って。要するに、私はまだ魚を外すのと、エサを新しいものに付け替える動作がトロくさいから、魚を掛けて水面までタチウオを引き上げたあとは、一人の助手がハリスをたぐって魚を外してくれて、もう一人の助手がすぐにエサを付けてくれて、「ほれ、すぐやれ」と（笑）。その日はひたすらその繰り返しだったんですけど、終わってみたら初めてのサオ頭になっちゃいました。

　それからは、「受付で名前を言って船代を払えば、サオは俺のを貸してやる」ということになったんだけれど、やっぱり人の持ち物となると緊張するし、自分でもだんだんサオが欲しくなってきていた。とはいえ、それまでは何を買えばいいのかも分からなかったけど、実際に裕司船長に借りたロッドを使うことでフィーリングも体感できた。それで幻波タチウオと電動リールを自分用の船釣り道具として初めて買いました。

現在は東京湾で主流のテンビンにくわえて、西日本で盛んなテンヤタチウオにもドハマリ中。「それぞれに面白いですけど、これだけ続けてきた釣りで、また新しいドキドキを味わえるのを素直に楽しんでいます（笑）」

——メディアでも活躍するようになったきっかけは？

三石　それもやっぱり、こうゆう丸さんであり裕司船長でした。ちょうどタチウオ釣りに通い始めたころ、たまたま「釣場速報」さんが取材に来ていて、そこに乗り合わせた私とこの本にも登場しているエリ（P49のカワハギ釣りに登場している高崎詠梨さん）が、二人で表紙になったんです。その頃は、現在のようには女性の船釣りファンはまだ多くなかったですから、もの珍しさもあったんでしょうね。で、それと同時に、タチウオ釣りを始めてまだ1ヵ月もしないうちに、裕司船長が「うちに何回も通って来る面白いねえちゃんがいるんだよ」って、現在もお世話になっている『つり情報』誌の根岸伸之さんに連絡していたんです。それで「そんなに釣りが好きなら、うちの仕事も手伝ってみるか？」って根岸さんに言われて、「それっていろんな釣りを教えていただけるってことですよね！」「ああいいよ」ってことで、二つ返事で編集部のお世話になることにした。もちろん、雑誌側からすれば、企画などで便利に使える「ダメな入門者のモデル」に最適ってことだったと思うんですけれどね（笑）。ともかくあれよという間につり情報さんに出させてもらうようになったんです。今でもたまに、「三石に釣りを教えたのは俺だ」って言う方がいるんですけど、私に釣りを教えてくれたのは、「こうゆう丸の荻原裕司船長」と「つり情報編集部さん」で間違いありません。

――最初に覚えたのはどんなことでしたか？

三石　釣りなら何でも興味を抱きつつ、徹底して基本を身に付けたのはやはりタチウオ釣りでした。裕司船長が「せっかくここまでやったんだから、とにかくまずはタチウオをおまえの看板にしろ」と。それに必要なのは、基本の道具さばきと手返しだと。

単純なことですけど、たとえば船釣り入門者の人には、サオを風上に置くということを意識していない人も多い。必要に応じて持ち替えるっていうこともあまりしません。自分も最初はそうだったんですけれど、私は右巻き左舷の釣り座が多いから、サオを持ったままに船に置いちゃうと、サオが風下のトモ側、仕掛けが風上側になっちゃうわけです。それって、仕掛け絡みのトラブルの元なわけです。どんな釣りでもサオは風上、仕掛けは風下っていうことですよね。あとは仕掛けをたるませちゃいけないとか、サオとラインで二等辺三角形を作って、その真ん中で作業することを心掛けると手前マツリしませんよとかですね。

そういう初歩的なことやら、当時はタックルもライトじゃなかったので、テンビンの扱い方とかも含めて、手返しを上げる道具さばきの基本をずいぶん教えられました。タチウオ船団の中で、同じ失敗を3回繰り返すとよく怒鳴られたな～。1回じゃ怒られないんですよ。でも、2回、3回と同じ失敗をすると怒られる。裕司船長には「あの頃は金払って泣きながら釣りしてたよな～」って今でも言われます（笑）。でもその後も、カワハギ釣りでも一つテンヤのマダイ釣りでも、何か新しい釣りを始めると、どこかしら自分を応援してくれる船宿さんが出てきてくれて、釣りも練習させてくれて、それが今の自分に繋がっています。

――真剣に怒ってくれる船長もすごいですが、諦めずに続けるのもすごいですね。

三石　自分はもともと飽きっぽい性格ですし、波乗りもスノボもずいぶんやっていましたけど、こんなに長続きしているのは唯一釣りだけじゃないかな。食べることが好きなので、釣りの場合は「食」が絡んでくるというのも大きかったとは思いますけどね。

美味しい魚を食べたいと思って、そしたらやっぱり自分で釣るというところから船釣りに興味を持ったという部分も確かにありました。堤防でアジやカサゴをねらってもいいんですけど、やはり釣果には限りがあるだろうし、釣れる魚の種類も増えるんだろうという単純な期待もありましたね。

それに、私は昔から「ものをとる」ことが大好きなんですよ。山育ちなので、山菜やキノコもそうでしたし、サワガニ取りとかも好きでした。カブトやクワガタ？　それも好きでしたよ（笑）。そういうのに割と一人でもどんどん行っ

向かって左端が今もお世話になっている荻原裕司船長

ちゃう子どもだったなぁ。キノコ採りは母とよく行っていました。あとは川で手掴みで魚を取るとか、狩猟本能系ですね。普段は山だけれど、たまに海に行けると潮干狩りも大好きでしたし、一度、従兄が大学生の時に、小学生だった従兄の弟と自分を海に泳ぎに連れて行ってくれたことがあるんです。その時もうれしくて波打ち際でずっと魚を追いかけていたら、いつの間にか迷子になってしまった。帰ってからずいぶん怒られましたよね。

食べるのも好きだから、昆虫食もぜんぜん平気。イナゴにザザムシにカイコのサナギとか。どれも甘露煮ですけど甘くて美味しいですよ。サナギは繭から出して茹でるんですけど……ね（笑）。あとはハチの子。地蜂（クロスズメバチ）もやりましたね。地中にある巣を見つけて煙幕を焚いて取るやつです。外で遊んでいると、たまたま飛んでいるハチの姿を見つけることがあって、そうすると「あっ、入っていった」って巣を見つけて。軒先に巣を作る黄色いハチ（キイロスズメバチやアシナガバチ）のほうのハチの子も取りましたね。そっちは巣を見つけたら、竹ぼうきで「えい」って落とす。大きい巣は危なくてだめなんですけど、小さいのなら大丈夫。すると奴らは巣があった高さで「どこに行った？」って捜すので、近くで伏せてしばらく待つ。それで奴らが大人しくなったら、落とした巣を取りにいく。どうやって食べるかですか？　これもちょっと引かれるかな……醤油を付けて生で食べます。母がそういうの好きだったんですよね。

だから釣りも好きでした。屋根のあるコイ釣り掘りが近所にもあって、そういう場所って角をよーく見ているとコイが上を向いてパクパクしている。仕掛けを垂らすとやっぱり逃げちゃうんだけど、そのコイをどうやったら釣ることができるのかって、何時間でも平気で試して遊んでいられる子どもでした。大人になって波乗りをするようになってからも、貝とか見つけるとすぐそっちに興味が行っちゃうんですよね。友だちにはよく「何しに来たんだ！」って言われてました。生まれる性を間違えましたかね？　とにかく野遊びが好きなんですよ（笑）

――釣りが〝うまい人〟というのは、どんなことを考えていますか？

三石　どんな釣りでも、1つの釣りの基本をしっかり押さえていれば、そこからいろんな場面で応用を利かせられるという感覚は常にあります。魚釣りなら大なり小なりリンクしているわけで、それは当たり前ですよね。

あとは魚の習性や水中のようすをよく考えることかな。たとえばタチウオ釣りで、昔よくやらされたのが、釣れなかった魚に〝やられた〟エサを全部並べて、「今のは縦向きでやられたか？」「横向きでやられたか？」をチェックするという作業です。こうゆう丸さんで特訓を受けていた頃、ちょうどその頃船長が考えた「こうゆう針」っていうのを使っていて、それはエサバリにチヌバリの孫バリが付いたものなんですけど、するとタチウオにエサのタラシ部分だけを噛まれた時も、完全に切れてなくなっちゃうということがあまりなくて回収できる。そこで齧られたエサを並べては、どういう誘いをしたらどういう食われ方をしたか、「手に感覚を付けろ！」って言われて練習しました。今はもう分からないなぁ～、いや、少しは覚えているかな（笑）。でもそういう練習をしたから、特に魚の捕食習性と釣りを結びつけて考えるクセは付きましたね。

エサをいかに魚にとって食べたいものとして演出するか？は常に考えている

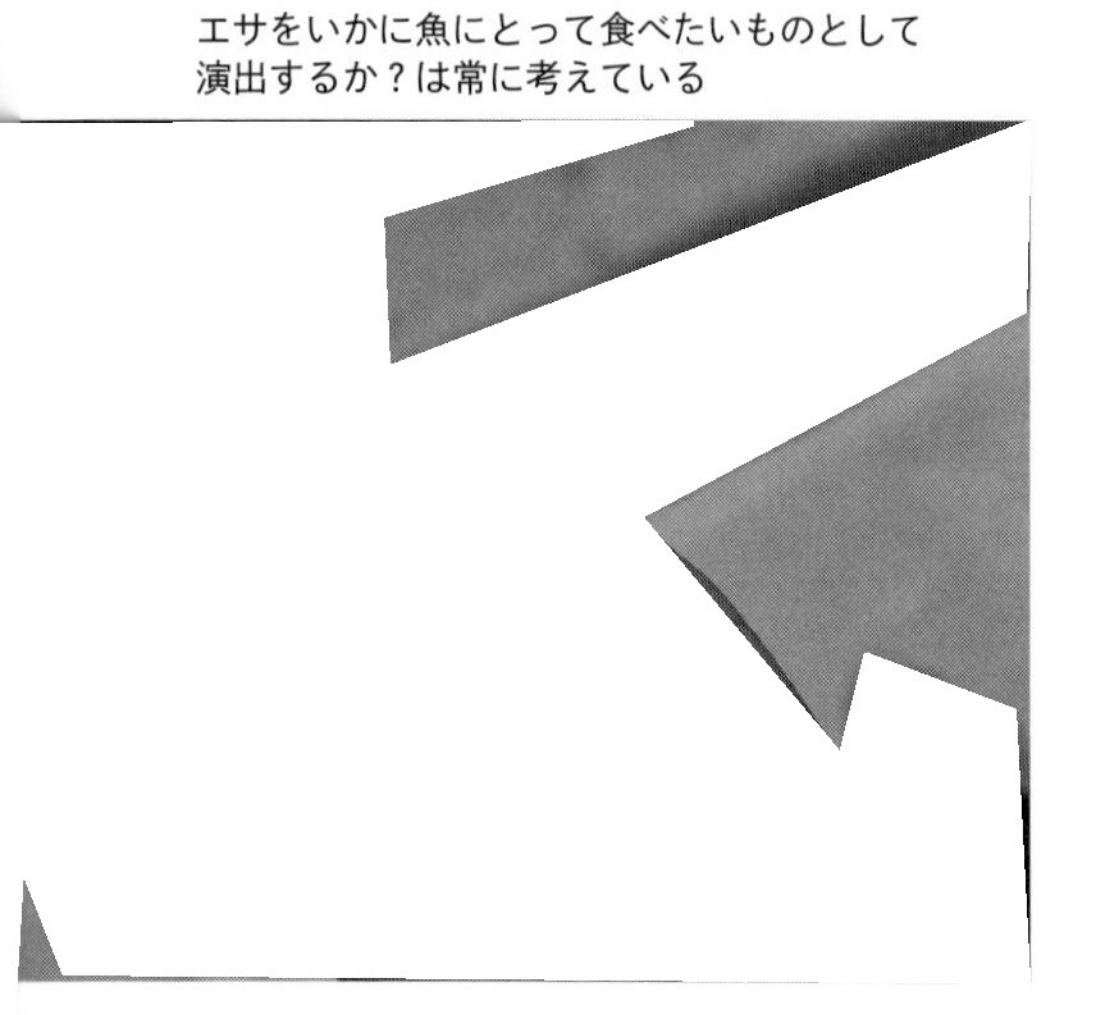

　私はフィッシングショーのステージで話をする時なんかも、そういった魚の習性を織り交ぜた話は必ず入れるようにしています。たとえばヒラメ釣りならエサの生きイワシを泳がせますよね。で、「あの、皆さん、イワシになってください」って。「海に沈められてヒラメに噛まれました。それで一度放されました。その時あなたがイワシだったどうしますか?」「逃げますよね。でも皆さんは釣りをしていると、食わせようと思ってラインを緩めて送り込んだりしていませんか? だからヒラメは食うのをやめるんです」「もし自分がイワシだったら〝食べてください〟ってヒラメのほうにわざわざ行きますか? 行かないですよね。だからヒラメが食いこまない時は、仕掛けを緩めるっていうより、張ったまま送り込むくらいのほうがいいですよ」とかですね。タチウオならアゴが「イーン」って前に出ている。だから獲物をくわえるのが下手で何度もアタックして弱らせてから食べる。その代わり進化したのがあの鋭い前の歯。カワハギならホバリングしてエサをついばむからアタリが出にくい。そうであれば宙を切ることでアタリが出やすくなるけれど、テンションを掛けちゃうと食わないことはよくある。その時は魚を下向きにさせたほうがハリを吸いこませやすいとか。結局、釣りの大切な部分は、その魚の捕食習性に大きくリンクしていきます。そうしたことが経験から見えてくると、次はどんな工夫をしたらよいのか、新しい釣りでも自分で作戦を考えられるようになってきます。

　あとはエサ釣りの場合、エサが付いているから魚が釣れるんだろうって思っている人が結構いるんですけど、そうじゃないですよと。切り身をエサと思っているのは人間であって、魚がそう思っているとは限らない。エサであっても、それをベイトに見えるようにナチュラルに動かさなければいけない場面はとても多い。そのためには、エサはまっすぐに付けなきゃいけないし、回転していたら食べない。カワハギ釣りのエサ付けにしても同じですよね。タラシが多くなればカワハギにとっては突っ付いても安全な場所が増えてしまう。それだと釣れない確率が高くなるから、小さくまとめて好物のキモでハリを留める必要がある。「エサは付いていれば大丈夫でしょ」という感覚がある人は、エサ付けも雑になって、絶対的に釣果が落ちてしまいます。

――サオ、仕掛け、エサといった製品のプロデュースも手掛けています。道具作りで心掛けていることはありますか?

三石　サオでも仕掛けでもエサでも、私が作りたいと思うのは、基本的にやりこんだ人が釣れるものより、多くの人が「より釣りをしやすくなる」ものです。そういう思いがベースにあります。カワハギザオなんかは、結果的に極先調子のものでずいぶんとんがっちゃったんですけど、それも出発点はアタリがなかなか取れない人が、カワハギ釣りの面白さを分かるようにというところでした。

　いずれにしても開発のお手伝いというのはとても裏方的な作業なんですけど、そういう試行錯誤も実は昔から好きで、特に研究室のような場所に入らせてもらったりすると、本当にわくわくしちゃうんですよね。最近ならエサ作りはやっぱり面白い。実は大人になってから、薬剤師さんとかになれないかと思って調べたこともあったくらい、今でいうリケジョの性質はかなりありますね。結果的にムリと諦めましたけど(笑)。

　たとえば連載の中でも何度か紹介させてもらった「カワハギゲッチュ(マルキユー)」の開発に携わらせてもらった時は、自分が実際にこれまでカワハギ釣りをやってきた経験をもとに、それまで採用されていなかったアサリの締め方・脱水方法を提案させてもらいました。従来のやり方をイチから見直してもらって、コストは掛かるけれども手剥きにこだわって、使う塩とアサリの量が同じなら脱水率は変わらないと言われたりもしたんですけれど、いやいやそうじゃないんです、私のすすめる方法を研究室でもぜひやってみてくださいって粘り強くお願いもして、実際にやってもらって数値で納得もしてもらって。そうして最終的に、しっかり身が締まっていて、粒もそろい、水管・ベロ・キモの3点がきちんとした、再冷凍もできるという使いやすい商品を作っていただけました。他の商品も開発話を始めたらきりがないんですけど、本当にそういう作業に関わるのが好きだし楽しいんですよね。もちろん、その場をもらった分、きちんといい商品を作って貢献するという責任は感じています。

——三石さんは魚料理も得意ですよね。

三石　子どもの頃から料理は好きだったんです。母が飲食店をやっていたこともあって、カレー、シチュー、卵焼きは保育園のうちから全部できました。ただ、魚をさばくようになったのは釣りを始めてからですね。さばき方を教わったのは船宿の女将さんたちです。

女将さんたちの基本は、いわゆる板前さばきではなくて、数もどんどんこなすから大名下ろしなどのスピーディー系。私もそっちで覚えたので、魚を下ろすとだいたい「速い！」って驚かれますよ。教科書的なさばき方をちゃんと覚えたのは、フグの免許を取った時くらいかな～（笑）。

食べるのが一番好きな魚はアジですね。実は人がさばいて出してくれるものが一番好きです。自分でさばくと、どうしても手に魚の匂いが残ります。人のために料理する時は問題ないんですけど、自分でやると、「（食べるのは）いいや」ってなっちゃう。そういう人って案外多いんですよ。「釣り人あるある」ですね。アジについてはこうゆう丸の女将さんに教わった簡単スピーディーなさばき方もご紹介するので、参考にしてみてください。ちなみにタチウオを刺し身にする時は、3枚に下ろしたあとに皮目を下にして包丁を入れて、皮をごく薄くそぐというやり方をよくやるんですけど、私がやると背身と腹身が分離しないできれいにいけるんですけど、友だちはいくら教えてあげても、どうしてもできないんですよね。まぁ、多少は人より手先が器用なのかな（笑）。

あと煮付けは自分流だと思います。昔スーパーをやっていた伯父さん、母のお兄さんから生臭さが出ない方法を教わって今もやっています。やり方はまず酒と水と砂糖を煮立たせたところに魚を入れる。そのままバーッと強火にしてブクブクと煮立たせてまず甘みを入れてしまう。あとは汁が3分の1くらいに煮詰まったところで醤油を入れる。するとタレはトロッとしているんだけど、身はふっくらというふうに仕

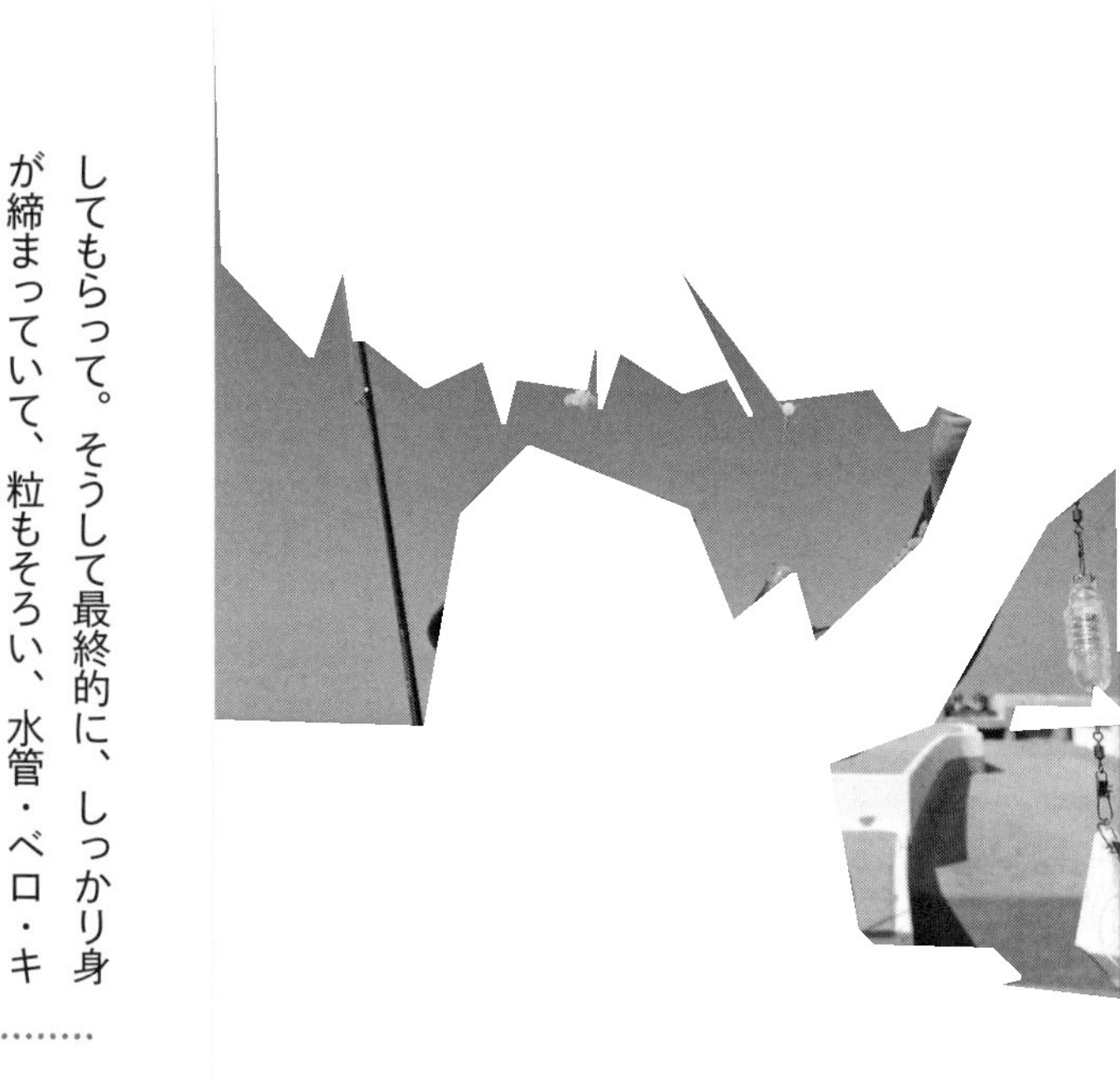

カワハギ釣りも特に得意なジャンル。メジャーな全国大会であるシマノステファーノグランプリでの優勝経験も持つ

「カワハギゲッチュ」は三石さんの経験が詰まった高品質のアサリエサ。他にも船上で得たアイデアをフィードバックした商品は数多い

上がります。これはどの魚でもだいたい同じですね。私の煮魚はみんな好きと言ってくれますよ。煮魚は水分を多くして長く煮ると身が硬くなっちゃうので、コツは煮詰めるのを早めにすること。落としブタは面倒くさいのでしていませんね。

——釣りをする時の服装はどう選んでいますか？

三石　雨じゃなくても、頑固な匂いや汚れが付きやすいイカ釣りや寄せエサを使うコマセ釣りでは、やはり防汚機能にすぐれたシップスマストさんのサロペット&ジャケットの組み合わせが一着あると便利です。

第19-311号
本籍地 千葉県
氏名 三石忍
昭和48年 4月 3日生
ふぐの取扱い等に関する条例第5条第1項の規定により免許を受けた者であることを証する。
平成29年 1月 4日
千葉県知事

インタビュー中に見せていただいた千葉県の「ふぐ処理師免許」。「生年月日が写っちゃう？　私ぜんぜん隠してませんから（笑）」とオープンなところもファンが多い理由

さばきも盛りつけもすべて三石さんによるタチウオのお造り

シャブシャブ用に切り分けたキンメダイは見た目も艶やか

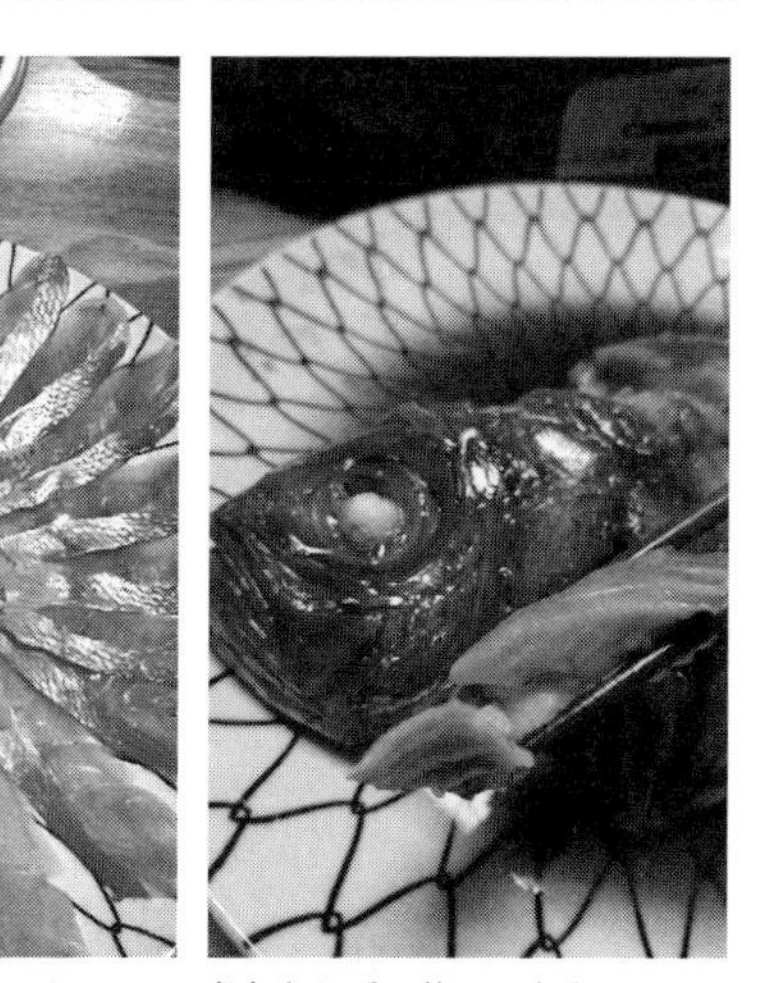
煮魚もお手の物。こちらは新島沖のキンメダイ

あとは冬場の釣りであれば、船の上は思っている以上に冷えるので、やはり防寒対策が大切です。私の場合、厚着は好きではないので、どうしてもカイロの出番が多くなります。基本は上下とも保温性のある下着を着て、そのうえにカイロをかなりたっぷりと貼ります。厳寒期であれば1回の釣行で20枚の時も。具体的にはまず背中に「介の字」貼り。左右の肩甲骨に2枚ずつ、背骨の両サイドに縦に3枚ずつで計10枚。心臓の上とお腹の上に1枚。それから両手首にリストバンド式の巻きポカを巻くので、ここまでの上半身で計14枚です。あとは靴に中敷きタイプをセットして16枚。そして太ももの表に2枚ずつで合計20枚。貼るのは港に着いてからですね。保温下着の上は、下はズボン、上はフリース素材の中間着に薄手のダウンジャケットで最後にレインウエアを羽織ります。それが従来ですが、今年はヒーターベストを買おうか検討中です（笑）。足もとは歩きやすい、かかとがないフラットなタイプの長靴がベストですね。

夏はかなり自由ですが、多いのはスカートに見えるタイプの短パンに日焼け防止効果もある黒タイツの組み合わせ。上半身もそれまでは見た目が暑苦しいと思って敬遠していたんですけれど、冷感素材の長袖タイツと半袖のシャツを組み合わせると非常に快適であるということを最近になってようやく学びました。日焼

け止めについては、最近は化粧品にもともと入っているで、特別に塗り足したりはしないんですけど、気になる人はしたほうがよいと思いますし、フェイスマスクも仕事柄していませんが、そのあたりは特に女性であればお好みにお任せですね。

――タックル選びのコツはありますか？

三石　私がよく言うのは、世間で人気があるものが自分に合うわけじゃないということです。人にはリーチ、身長、力の差があるから、仮に私が150cmのサオが使いやすくても、もっと背が高い人ならそうはならないかもしれない。逆に彼氏が好きなタックルを彼女に紹介しているなんてケースもよくありますけど、同じことですよね。

リールもそうで、たとえば一つテンヤで大型のマダイがねらえる時期は、私は一般的な3000番より1つ上の4000番を好んで使います。3000番のほうが重さでいえば何10g軽いんですが、実際の釣りの中では、3000番のハイギアリールをたくさん巻き続けるほうが、ひと周り大きくてパワーもある4000番よりもはるかに疲れる。そういう視点ですね。

あとはサオであれば、私は入門者の方には基本的には硬めをすすめる傾向があります。もちろんバレちゃうのか、アタリがとれないのか、その人の悩みにもよりますけど、だいたいアタリが取れない人に関しては、標準より1つ硬めのサオのほうが使いやすい。どんな釣りも、まずはアタリが分からないことには先に進めません。また、タチウオ釣りとかで、一日シャクリを行なう場合も、女の人なら1つ硬めのサオのほうが使いやすいですし、アワセが遅れちゃう人にも硬めをすすめる。逆に早アワセが多い人には1つ軟らかめをおすすめしますね。

案外多いのは、新製品を買う時に、自分がすでに持っているのと似たタイプを買ってしまうというケースです。ついそうなりがちなんですけど、たとえば硬め、普通、軟らかめで3タイプがあるなら、今自分が持っているのと別のタイプを買ってみることをおすすめします。そうすることで、道具から新しいきっかけをつかめる場合がよくありますよ。

船釣りをこれから始めたいというビギナーだったら、いきなり専用ザオを買う必要はないでしょう。東京湾だと「ライト」の名前が付く釣りものなら、オモリはだいたい30か50号が標準です。その中でたとえばライトアジなら、船宿や季節によって、30、40、50、60号あたりが指定オモリになる。でも、だいたい平均して50号のオモリが使えるライトゲームロッドがあれば、タチウオでもアジでもいい時期の平均的な釣りはできます。カワハギについてはちょっと特殊なので、最初から専用ザオの入門モデルを購入してよいと思いますが、それ以外であれば、まずは汎用ザオで釣りを始めて、好きな釣りが分かってきたら専用ザオを買えばいいと思う。いずれにしても高価な専用ザオは、手に入れやすいもので実際に釣りをしてから、周りの人のサオとかも見たりして選ぶとよいですね。

その時、おすすめしたいのが船長にサオ選びを相談してみることです。私もそうでしたけれど、船長はその釣りのプロだし、お客さんが釣っているところを実際に見てくれているから、その意見を参考にするといいことがよくある。自分のよく通う船宿が決まってきた場合は特にそうですね。その船の釣りは、当然ながら船長の考えや得意な釣り方にリンクしています。船の上で悩んで、お店に行ってまた悩み直すよりも、時間を有効に使ってサオが選べるはずですよ。

話がちょっとそれちゃいますけど、釣った魚の料理法も女将さんや船長に聞くのが一番簡単ですしね。特に船宿の女将さんは、毎回同じメニューだと船長も飽きちゃうからあれこれ工夫しているものです。

船釣りをコンプリートするには、女将さんと船長をコンプリートするべし。失礼な言い方かもしれませんけど、これが私の経験に基づく、船の海釣りを満喫する大きなコツですね（笑）。

スペシャルオマケ

簡単・スピーディー「三石流アジのさばき方」

大名下ろし＆刺し身

①まずエラを取る。頭を下にしてエラにグイッと指を入れる

②そのままちぎりとる

③次に胸ビレ周りのカマを指で取る。このように指を当て

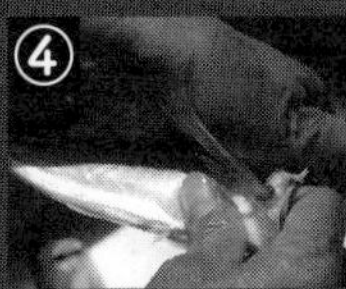

④頭をしっかり押さえつつカマのあたりを支えながら

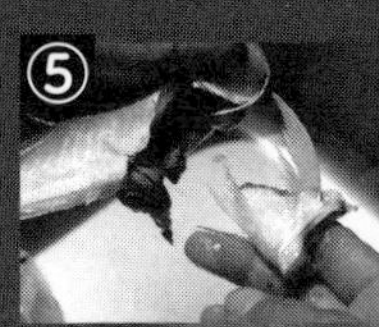

⑤

カマの周辺を大きく引きちぎる。カマは空揚げにするとビールのおつまみに最高

⑥そのまま腹の中の内臓を取る

⑦一度お腹の中を水洗い

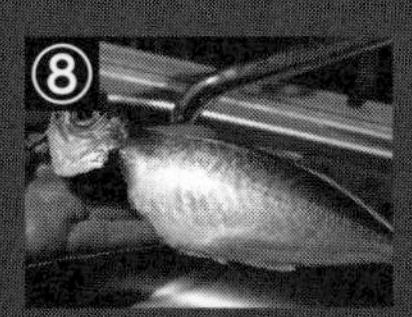

⑧このような状態になる

⑨次に手で皮を剥く。頭に近い部分をとっかかりにして

⑩尾の方向に剥いでいくとズルリと皮が取れる

⑪尾ビレの付け根まできれいに剥ぐ

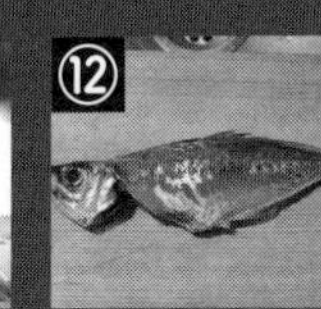

⑫一連の手順で両側ともこの状態にする

⑬ここから大名下ろし。尾の側から中骨に沿って包丁を入れる

⑭そのまま頭の付け根まで身を取る

⑮片側の半身が取れた状態

⑯反対側も同じようにさばくと3枚下ろしになる

⑰刺し身を作る。まず3枚に下ろした身から腹骨をそぎ取る

⑱次に背身と腹身の間に並ぶ血合骨の部分をそぎ取る。まず真ん中に包丁を入れ

⑲なるべく身を残すように血合骨部分を切り出す

⑳左右の身を背身、血合骨（捨てる部分）、腹身にさばき終わった状態

㉑背身、腹身をそれぞれ切り分ければ刺し身になる！

干物用の腹開き

①干物用の腹開きも簡単にできる。エラと内臓の処理までは刺し身と同じ

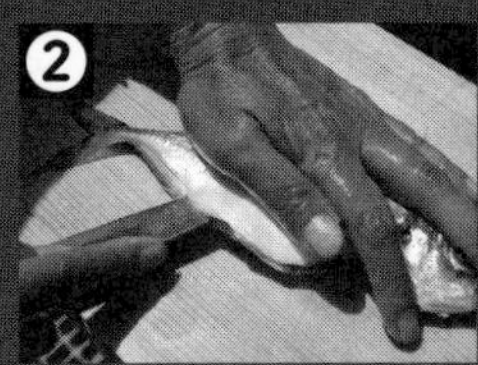

②頭を押さえ、腹の前から尾の付け根まで包丁を入れる

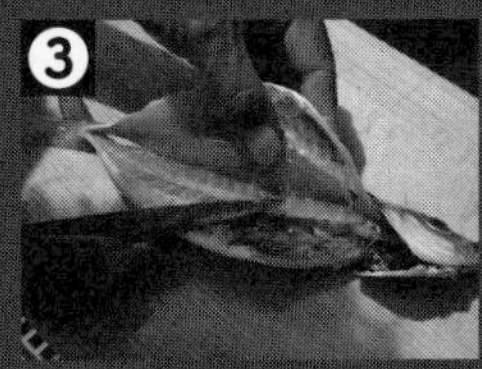

③さらに腹を開いて血合骨の接合部分を切っ先で開く

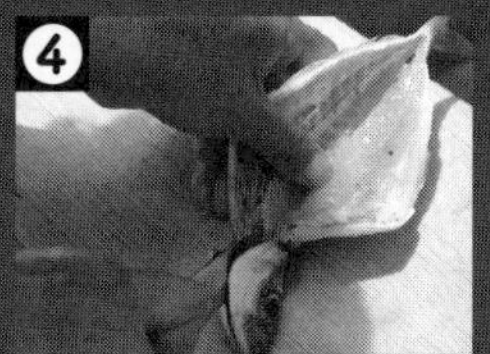

④次に頭も包丁を入れて左右に開く

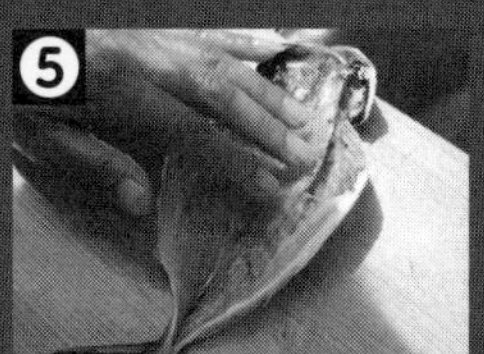

⑤ここまで終えると全体が腹開きになる

⑥最後に細かな汚れを水で洗う

⑦干物用の腹開きの出来上がり

読んで経験値アップ！

基本＆応用の船釣り用語集

【上げ潮】 干潮から満潮に向けて潮が満ちて（上げて）行く状態。

【アタリ】 魚がエサを食べたと感じる感触。魚信。サオ先の変化やサオを持つ手に伝わる感触で判別する。

【アワセ（合わせる）】 魚をハリにしっかり掛ける動作。

【一荷（いっか）】 2尾もしくは複数の魚がまとめて釣れること。連掛けとも。2尾ならダブルヒット、3尾ならトリプルヒットなどの言い方もある。

【イトフケ（フケ）】 イトの余分なたるみ。ラインスラック。

【右舷】 前を向いて船の右側。

【ウネリ】 外房などの外洋に面した海に見られる、規則的で丸みを帯びた波。離れた海域で発生した台風などによる波が、沿岸まで押し寄せて来て生じるものなども含まれる。

【餌木（えぎ）】 主にイカ釣りで使用する和製ルアー。日本に昔からある漁具がルーツ。

【エサ取り】 ねらっている本命の魚以外でエサを食べていく他魚。

【枝ス】 仕掛けの中で幹イトから横に出ている部分。枝ハリス。複数ある場合も多い。

【追い食い・追い乗り】 1尾が掛かったあと、他のハリにも他の魚が掛かること。アジ釣りやキンメダイ釣りでは、最初の1尾が釣れたあとに、すぐに仕掛けを上げずに追い食いさせることがある。

【沖上がり】 海上での釣り終了もしくはその時刻。港に帰る分の時間は含まない。

【沖釣り】 遊漁船で楽しむ海の船釣り。本書では全般に「（海の）船釣り」と表記している。

【オデコ】 釣果なしのこと。ボウズともいう。

【オマツリ】 他の人と仕掛けやミチイトが絡むこと。自分の仕掛けだけが絡んでしまった場合は「手前マツリ」という。オマツリが起きたら声を出して周囲に知らせ協力して対処する。

【カジメ】 海藻の一種。海底の岩礁の上に群落を形成する。

【カットウバリ】 フグ釣りなどで用いられる、魚を引っ掛けるためのハリ。3本もしくは4本のスレバリをまとめたイカリバリタイプが多い。

【空アワセ】 アタリを感じていなかったり、アタリかどうか確信が持てない場合でも、試しにアワセをしてみること。

【聞きアワセ】 魚がハリに掛かっているかの確認を兼ね、ゆっくりとサオ先を上げるなどしてアタリを確認すること。

【キモパン】 カワハギのキモが大きく育っている状態。キモがパンパンの略。

【魚探】 魚群探知機のこと。最近は船に搭載されている親機と通信することで、釣り人が手もとで情報を確認できるポータブルタイプも普及している。

【外道】 ねらっていない魚。本命以外の魚。他魚、ゲストなどともいう。

【午前船・午後船】 釣り場が近いライトアジやカワハギなど、釣りものによっては1日の中で午前と午後の2便を営業している船宿がある。その場合、午前船・午後船と呼んで区別しており、料金が多少異なる場合もある。

【コマセ】 イワシのミンチやアミなどの寄せエサ。船釣りではビシと呼ばれるケースに入れて使うことが多い。本書では「寄せエサ」と表記している。

【下げ潮】 満潮から干潮に向けて潮が落ちて（下げて）行く状態。

【左舷】 前を向いて船の左側。

【サミング】 リールから放出されるラインの勢いを弱めるため、スプールに指を添えてコントロールすること。

【潮氷（しおごおり）】 氷と海水をまぜたもの。温度が下がりやすく魚を素早く冷やすことができる。

【潮先（しおさき）】 船の中でポイントに対して先に入る側。風向きや潮の流れに合わせて船長がどのように船を流すかで場所は変わる。

【潮下（しおしも）】 潮先の逆。船の中でポイントに対して最後に入る側。

【潮止まり】 上げ潮と下げ潮の切り替わり時に潮流が止まった状態になること。基本的に満潮または干潮のタイミングと重なる。

【指示ダナ】 釣り始めに船長が指示する、魚が釣れる可能性が高いタナ(層)。通常は「海底から何m」という場合が多いが、釣りものによって「海面からの深さ」で指示される場合もある。一人だけ違うタナを釣っていると魚を散らしてしまう可能性もあるため、基本的には指示されたタナに従って釣りをする。

【シャクリ】 仕掛けやルアーを動かすために、ロッドをあおるようにして動かすこと。

【捨てイト】 仕掛け下部のオモリと接続する細めのイト。根掛かりした時にここから切れるようにする。

【スラック】 イトフケ。イトのたるみ。

【ゼロテン】 ゼロテンションの略。カワハギ釣りなどで、オモリが着底した状態で、サオ先は曲がらない程度にイトはギリギリ張った状態にし、「張らず緩めず」でアタリを待つ状態。

【底ダチ】 一度海底まで仕掛けを沈めてから、余分なイトフケを取り仕掛けを立てること。「底ダチをとる」という。

【タイム釣り】 一定の時間待ったら、ハリの近くに魚が来ているという前提で空アワセを行なう釣り方。フグのカットウ釣りなどで用いられる。

【高切れ】 ミチイトなど仕掛けの上部でイトが切れてしまうこと。ロスする部分が多いので避けたいトラブル。

【タタキ】 主にカワハギ釣りで、オモリを着底させた状態で激しくサオ先を叩くように動かし、仕掛けに付いているエサを強く揺すってカワハギにアピールする方法。

【タダ巻き】 サオではアクションを付けず、意識的にリールを巻く操作だけで餌木やルアーを動かすこと。

【タナ取り】 船長の指示ダナに仕掛けが入るようにする一連の動作。

【タラシ】 エサのうちハリから垂らす部分。またはその長さ。

【血抜き】 釣った魚の血を抜いて臭みを防ぎ鮮度を保つこと。

【チモト】 釣りバリの軸の端部分。ハリスを結ぶ所でハリ先の反対側。

【チョン掛け】 エサ付けの方法の1つ。エサの端に横からハリ先を引っかけるだけの簡単な方法

【付けエサ】 寄せエサを使う時に、実際に魚を掛けるためのハリに付けるエサ。食わせエサともいう。

【手返し】 エサ付けから魚の取り込みまで釣りをする際の一連の反復動作。上手な人ほどトラブルが少なく手返しが早い。

【テンヤ】 オモリと大きな掛けバリが一体になったアイテム。釣りものによっていろいろな種類があり、マダイの一つテンヤ釣り用、タチウオのテンヤ釣り用、イカ釣りやタコ釣りで用いられるものなどがある。

【ドウヅキ仕掛け（胴突き仕掛け）】 一番下にオモリがありその上部に仕掛けがある状態の仕掛け。トントンと海底を小突くような動きができるもの。

【胴の間】 船の中間部。ミヨシやトモに比べると潮先になる機会は少ないが、波があっても揺れにくく、ビギナーであれば船長のアドバイスも受けやすい。

【ドテラ流し】 外房のヒラメ釣りや、ティップランエギングの釣りで用いられる、船の側面に風を受けながら船を流す方法。「横流し」ともいう。

【トモ】 船の後方。艫。中でも一番後ろの釣り座を強調して「大ドモ」という。

【トモ流し】 舳先を風上に向けトモ側から船をポイントの上に流して行くこと。

【ドラグ】 大きな魚が掛かった時に、魚へのプレッシャーは与えつつ、完全にリールがロックしてイトが切れてしまわないよう、リールに一定以上の負荷が掛かるとスプールが少しずつ逆転してラインが出て行くようにする機構。想定される対象魚に合わせて事前に強さを調整しておく。

【中オモリ】 仕掛けの途中に入れるオモリ。仕掛けの動きをよくするなどの役割がある。

【流し】 魚がいそうなポイントの上に船長が船を流すこと。ポイントを通過し終えるとお客さんに仕掛けを回収してもらい、また船の位置を直す。その1セットを流しという。

【中乗り】 船長以外に船に乗って作業を手伝うスタッフ。

【ナギがよい】 海が凪いで穏やかな状態を表現する言葉。

【ニゴリ潮】 潮が澄んでおらず濁っている状態。反対は澄み潮。

【根】 海底にあるまとまった岩場や岩礁帯。魚の付き場になりやすい。

【根起こし】 深海釣りで、仕掛けの回収時に海底に引っ掛けていたオモリをリールを巻き上げて捨てイト部分から切る操作。

【根掛かり】 オモリやハリが障害物に引っ掛かり動かせなくなること。うまく操作することで外せる場合もある。

【根ズレ】 イトや仕掛けが根に擦れてしまうこと。仕掛けが切れる原因になる。

【ネムリバリ】 ハリ先が内側に曲げてある形状のハリ。掛かった魚が外れにくい、根掛かりしにくいなどの効果がある。ムツバリが典型。

【乗っ込み】 魚が産卵のために浅場に集まってくること。一般的に大ものねらいのチャンスとされる。

【ノット】 イトの結びのこと。大きく分けて、イト同士の結びとイトと金属パーツ（サルカンやハリ）の結びの2種類がある。三石さんは「PEラインとリーダーの接続＝町屋ノット」「リーダーとサルカンなどの金属パーツの接続＝クリンチノット」「リーダー（またはハリス）とハリの接続＝外掛け結び」の3種を使用している。

【乗合／乗合船（のりあいせん）】 複数のお客さんが同じ船に乗って決められた時間の中で釣りをするシステム。一人でも参加できる。予約制のところと予約なしでも大丈夫なところがある（要確認）。乗合船に対して、1つのグループで1つの船を貸し切る場合は、仕立／仕立船（したてせん）という。

【バラシ】 一度ハリ掛かりした魚が途中で外れてしまうこと。

【ハリス】 ハリに結ぶ部分のイト。

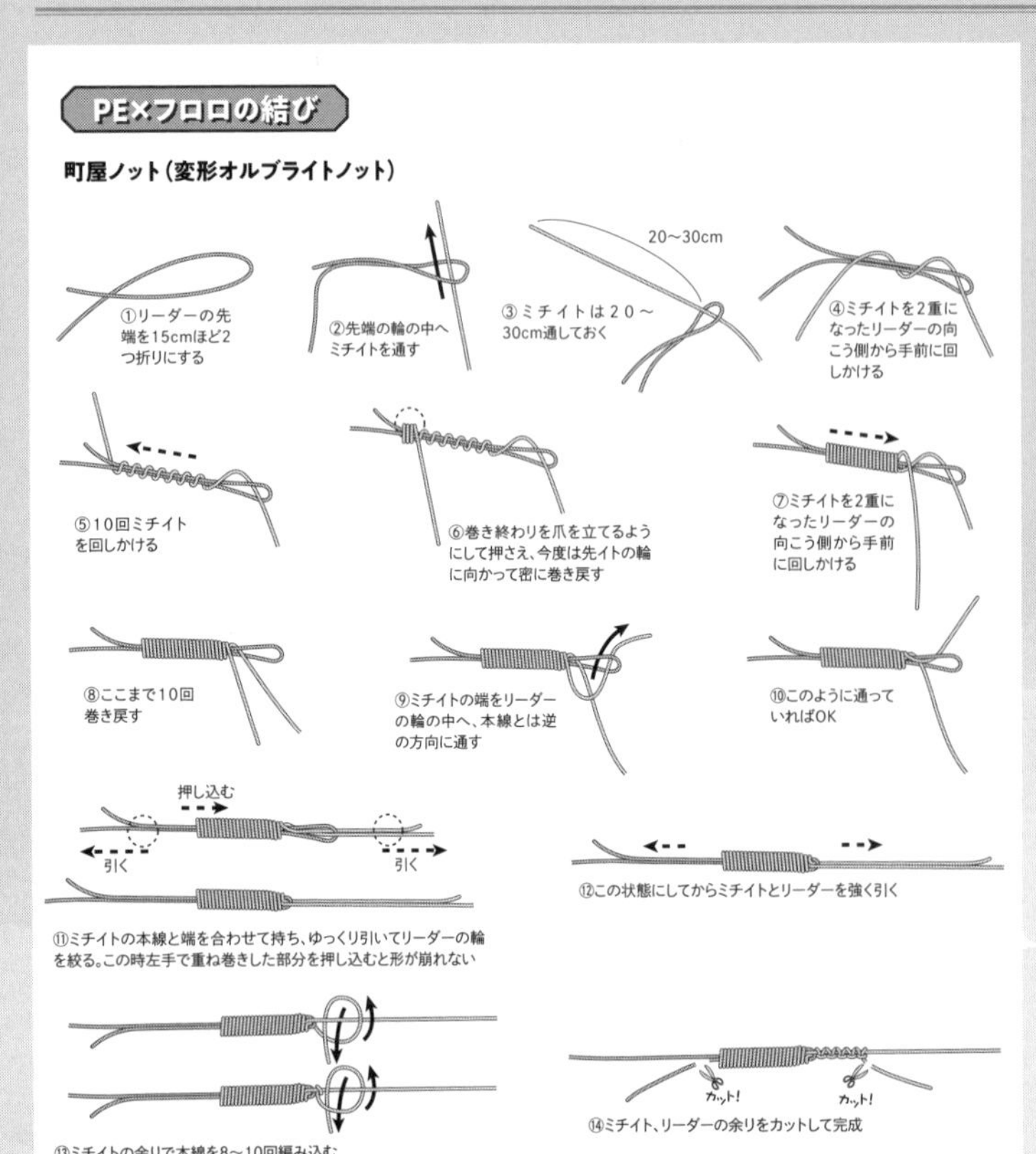

【PE（ピーイー）ライン】 極細のポリエチレン繊維を編んだイトで強度に優れる。現在、船釣りで用いられるミチイトは基本的にPEライン。船釣りでは水深を把握するために、10ｍごとに色分けされ、1ｍごとにマーカー（印）が付いているものを使う。

【ビシ】 寄せエサを入れるカゴ。金属製のビシカゴやプラスチック製のものがあり、釣りものによって使い分ける。オモリ一体型と別のものがある。

【船宿】 遊漁船を運営しているお店。宿泊の営業をしていなくても、特に関東では慣例的に船宿と呼ぶ。

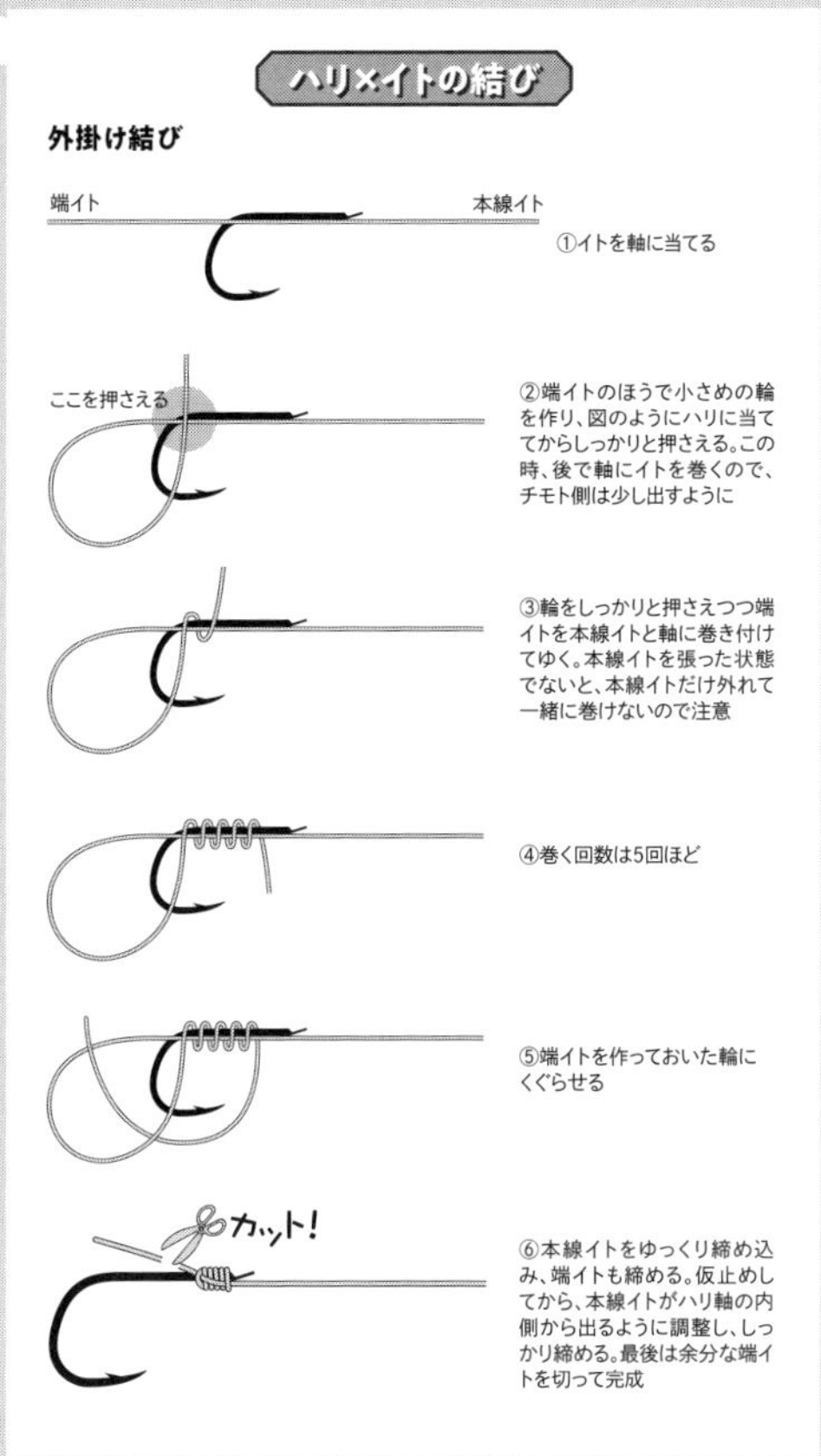

ハリ×イトの結び

外掛け結び

端イト　本線イト

①イトを軸に当てる

ここを押さえる

②端イトのほうで小さめの輪を作り、図のようにハリに当ててからしっかりと押さえる。この時、後で軸にイトを巻くので、チモト側は少し出すように

③輪をしっかりと押さえつつ端イトを本線イトと軸に巻き付けてゆく。本線イトを張った状態でないと、本線イトだけ外れて一緒に巻けないので注意

④巻く回数は5回ほど

⑤端イトを作っておいた輪にくぐらせる

カット！

⑥本線イトをゆっくり締め込み、端イトも締める。仮止めしてから、本線イトがハリ軸の内側から出るように調整し、しっかり締める。最後は余分な端イトを切って完成

【ベタ底】 仕掛けを極力浮かせず、べったり底ねらいに徹すること。

【身エサ】 イワシなどの魚を丸のままエサにするのに対して、魚やイカの切り身をエサにしたもの。釣れたサバなどをさばいてその場で作ることもある。

【幹（みき）イト】 仕掛けの芯部分に使うイト。

【ミチイト／道糸】 リールに巻くイト。現在の船釣りではほぼPEラインが用いられ、その先に衝撃をやわらげるクッションや仕掛けとの接合部の役割を担うリーダー（フロロカーボンやナイロンのライン）を結ぶ。ただし太いPEラインであれば、先端にチチワを作って直接サルカンを結ぶ場合もある。

【ミヨシ】 船の前方。舳先。反対がトモ。

【向こうアワセ】 アタリがあっても釣り人からはアワセの動作を行なわず、魚が食いこんで完全に引き込まれるまで待つ方法。

【元ザオ】 サオの手元部分。バット。

【横流し】 ドテラ流しを参照。

【寄せエサ】 魚を寄せるためのエサ。コマセと呼ばれることも多い。

【ライトタックル（LT）】 細いミチイトを使うことで、使用するオモリを軽くし（イトの抵抗が少なければより軽いオモリで底ダチをとれる）、従来のタックルに比べて全体的に軽く扱いやすくした道具立てのこと。PEラインの発達とともに対象となる釣りの範囲が拡大し、タチウオ、アジ、イシモチ、アマダイなどの釣りでライトタックルの釣りが行なわれている。

【リーダー】 主に根ズレを防止する目的で、ミチイトのPEラインの先に結ぶフロロカーボンやナイロンラインの部分。サオの長さにもよるが、1.5ｍほど取る場合が多い。先イトとも呼ばれる。

【リレー釣り】 同じ海域のポイントもしくは道具立てが近い異なる対象魚をねらって、時間を分けて二本立ての釣りをすること。午前と午後で半日ずつ違う釣りをする場合もある。

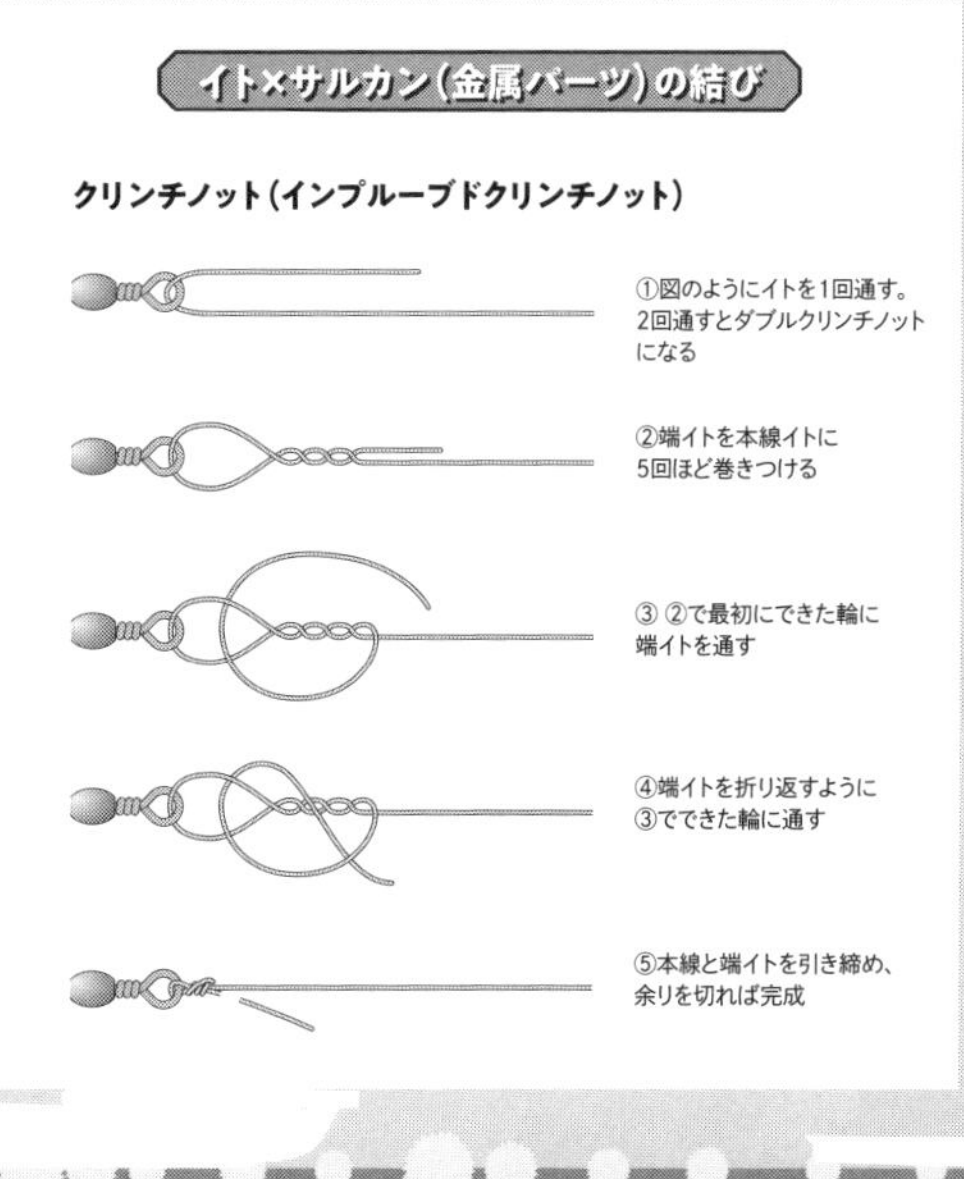

イト×サルカン（金属パーツ）の結び

クリンチノット（インプルーブドクリンチノット）

①図のようにイトを1回通す。2回通すとダブルクリンチノットになる

②端イトを本線イトに5回ほど巻きつける

③②で最初にできた輪に端イトを通す

④端イトを折り返すように③でできた輪に通す

⑤本線と端イトを引き締め、余りを切れば完成

人気13魚種の基本とコツを三石忍が徹底解説
すぐに身につく！
釣れる『船釣り』最新テクニック

2019年1月1日発行

協力：丸山剛、可児宗元、高崎冬樹、石井正弥（イラストレーション）、堀口順一朗（イラストレーション）

編集　月刊つり人編集部
発行者　山根和明
発行所　株式会社つり人社
〒101-8408　東京都千代田区神田神保町1-30-13
TEL03-3294-0789（営業部）
TEL03-3294-0782（編集部）
印刷・製本　大日本印刷株式会社

乱丁、落丁などありましたらお取り替えいたします。

ISBN978-4-86447-328-6 C2075
つり人社ホームページ　https://tsuribito.co.jp
つり人オンライン　web.tsuribito.co.jp